복지정치

일본의 생활보장과 민주주의

국립중앙도서관 출판시도서목록(CIP)

복지정치 : 일본의 생활보장과 민주주의
미야모토 타로 지음 ;
임성근 옮김. -- 서울 : 논형, 2011
p. ;   cm

원표제: 福祉政治 : 日本の生活保障とデモクラシ
원저자명: 宮本太郎
일본어 원작을 한국어로 번역
ISBN 978-89-6357-115-7 94340 : ₩14000

생활 보장[生活保障]
정치 사회[政治社會]

340.13-KDC5
306.2-DDC21   CIP2011003276

복지정치

일본의 생활보장과 민주주의

미야모토 타로 지음 · 임성근 옮김

논형

福祉政治 : 日本の生活保障とデモクラシー

The Politics of Welfare:Democracy, Employment and Welfare in Japan
© 2008, Taro Miyamoto.
Originally Japanese edition published by YUHIKAKU, 2008
Korean translation rights arranged with Taro Miyamoto

Translation copyright © 2011 Nonhyung

복지정치
일본의 생활보장과 민주주의

지은이 미야모토 타로
옮긴이 임성근

초판 1쇄 인쇄 2011년 11월 20일
초판 1쇄 발행 2011년 11월 30일

펴낸곳 논형
펴낸이 소재두
등록번호 제2003-000019호
등록일자 2003년 3월 5일
주소 서울시 관악구 성현동 7-77 한림토이프라자 6층
전화 02-887-3561
팩스 02-887-6690

ISBN 978-89-6357-115-7 94340

일본에서는 2009년 역사적인 정권교체가 이루어져 민주당을 중심으로 한 연립정권이 탄생하였다. 이 책은 일본정치에서 강한 영향력을 발휘해 왔던 신자유주의 노선이 파탄할 수밖에 없었던 배경과 대항 세력의 등장에 대해서 서술하고 있다. 그런데 이 책이 일본에서 출판된 것은 2008년이었기 때문에 정권교체 이후 새롭게 진행된 상황은 다루지 못했다. 그래서 필자는 서문의 형태를 빌려서 이 책이 출판된 이후 진행된 일본의 복지정치에 대해서 간략하게나마 정리하고자 한다.

3중 구조 해체와 정권교체

이 책에서는 사회보장과 고용보장을 묶어서 생활보장이라고 부른다. 지금까지 일본은 사회보장 지출을 억제해왔지만 고용보장이 잘 되어 있었기 때문에 사람들의 생활이 안정될 수 있었다. 이러한 생활보장 형태는 관료주도의 '3중 구조'라 말할 수 있다.

그것은 관료제가 자민당 족의원(族議員: 특정집단과 그들의 이익을 대변하는 의원)과 하나가 되어 업계나 회사를 보호해 주고, 회사는 남성 생계부양자의 고용을 보장하고, 남성생계부양자는 아내와 자식을 부양하는 3중 연쇄 체제이었다. 물론 대기업에 대한 행정지도, 영세한 유통업 보호, 건설업을 지탱하는 공공사업 등 연쇄의 구체적인 형태는 다양하였다. 그러나 이 '3중 구조'를 통해 보장된 고용이 생활을 지탱했다는 점에서는 공통적이다.

사람들이 행정적 재량에 의해 생활이 좌우되는 체제에 만족한 것은 아니었으며, 관료제를 신뢰하지도 않았다. 그러나 업계보호와 고용확보가 어떻게든 유지되고 있는 한 이러한 불만과 불신은 표면화하지 않았다.

그런데 글로벌화가 진전되고 재원이 고갈되어가자 더 이상 관료제는 업계보호를 계속할 수 없게 되었고, 업계나 기업도 남성생계부양자의 고용을 지켜줄 수 없게 되었다. 관료주도의 '3중 구조'가 각 방면에서 기능부전에 빠진 것이다. 1990년대 중반이 전환점이었다고 말할 수 있다. 예를 들어 공공사업을 보면, 1996~2007년 기간에 공적 고정자본 형성의 GDP비율은 6.4%에서 3.2%로 반감했다. 신자유주의적인 고이즈미 구조개혁은 이런 흐름을 가속시켰고, 사람들의 생활에는 격차와 빈곤이라는 그늘이 드리워졌다. 다른 한편으로는 역시 1990년대 중반부터 관료의 부정부패가 속출하였고, 특수법인이 관련된 아마쿠다리(낙하산 인사) 구조가 폭로되기 시작했다. 이렇게 되자 '3중 구조'는 보호 기능을 상실한 채 그것의 왜곡된 면만 부각되었다.

결국, 남는 것은 심각한 행정불신, 그리고 그것과 같은 정도로 심각한 생활불안이었다. 행정불신과 생활불안은 임계점을 넘어섰고, 거기에 사태의 심각성을 깨닫지 못한 자민당 세습정치가들의 어이없는 실책들이 겹쳐지면서 자민당 정권은 무너졌고, 2009년에 민주당 정권이 탄생했다.

민주당은 통일된 비전으로 하나가 된 정당이라고 말하기는 어렵지만 집권에 대한 강한 의욕을 가지고 있었고 여론에 대해서 민감하였다. 민주당의 과제는 관료주도의 '3중 구조'가 해체되는 상황 속에서 나타난 행정불신과 생활불안에 대처하는 것이었다. 그래서 '탈 관료'와 '생활 제일'이 동시에 제창되었다. 민주당은 신자유주의적 계보와 사회민주주의적 계보가 동거하는 정당인데, 신자유주의적 계보는 '탈 관료'를 강조하고 사회민주주의적 계보는 '생활 제일'에 역점을 두었기에 두 세력은 적절하게 분업 상태를 이루었다고 말할 수 있다.

지속가능한 복지국가인가?

그러면 '탈 관료'와 '생활 제일'은 어떻게 하면 양립시킬 수 있을 것인가. 그것은 재량적 행정을 최대한 피하면서 각 가구에 직접 현금을 급여함으로써 가능하다. 그것은 2009년 선거에서 현금 급여를 중시한 민주당 선거공약으로 결실을 맺었다.

관료주도의 '3중 구조'가 기능부전에 빠지자 각 가구에 생활 자원이 충분히 흘러들어가지 못하였다. 이런 점을 염두에 둔다면 자녀수당과 같은 직접적인 배분 그 자체는 의미가 있다고 말할 수 있다. 그렇지만 만약 현금 급여에 과도하게 자원을 집중한다면 그것은 '마구잡이식 살포'가 될 수도 있다. 2010년 예산에서는 소득제한 없이 중학생까지 월 13,000엔을 지급하는 아동수당이 도입되었다. 민주당 정권 하에서 일반 세출 항목을 보면 사회보장예산이 9.8% 증액되었다. 민주당은 '콘크리트에서 사람으로'라는 슬로건을 내걸고 공공사업의 예산 삭감을 추진하여 18%를 삭감하였다. 결과적으로 일반 세출 예산 54조 엔 중에서 사회보장지출이 27조 엔을 차지하게 되었다.

더욱이 민주당은 2009년 정권교체 시에 선거공약으로 월 26,000엔의 수당을 약속한 바 있다. 만약 이것이 실현된다면(일본과 달리 아동 수에 따라서 증액되는 차이점은 있지만) 독일의 154유로(약 2만 엔), 스웨덴의 950크로나(약 1만 2,300엔)를 상회하는 수준이 된다. 일본은 이로써 복지국가라 할 만한 수준에 도달하였다고 여겨질지도 모르겠다. 그러나 문제는 이것이 지속가능한 복지국가인가라는 점이다.

독일의 예를 생각해 보자. 동일한 자녀 양육 지원 관련 현금 급여를 보면 최근 독일은 육아 휴업 수당을 소득비례방식으로 전환하는 데에 힘을 쏟고 있다. 종래 독일에서는 육아 휴가 기간 중에는 소득조사를 하여 일률적으로 300유로의 '양육 수당(Erziehungsgeld)'이 2년간 지급되었다. 독일 정부는 2006년부터 이것을 소득비례방식으로 전환시켜 종전 소득의 67%, 월 1,800유로를 상한으로 하는 '부모 수당(Elterngeld)'을 도입했다. 이것은 일을 하고 있고 소득이 있는 가구가 아이를 낳아 키울 때 유리한 체계이다.

또한 독일 정부는 2004년에는 '주간 보육 확충법'을 제정하여 15억 유로를 투입하여 자치단체가 3세 이하 아동에 대해서 충분한 보육 환경을 제공하도록 의무화 했다. 2007년 5월에는 2013년까지 보육원 수를 가정 보육원를 포함하여 3배로 늘려서 75만 개소로 늘린다는 결정을 하였다.

일본의 보육원 대기 아동 수가 불황 때문에 여성의 취업이 늘어나면서 4만 명으로 증가하였다고 하는데, 후생노동성 조사에 의하면 6세 이하 아동이 있는 가구 중에서 이용할 수 있는 보육원이 있다면 맡기고 싶다는 가구가 85만 가구나 되는 것으로 추계되었다.

그런데 적어도 현 단계의 민주당 정권의 우선순위는 명확하다. 아동 수당이 후생노동성의 2010년 개산 요구의 중핵에 위치해 있는 것에 반해서 보육원 대기 아동 해소 문제는 예산이 뒷받침되지 않는 요구 사항으로 머물렀다. 보육 서비스 확대를 위해서는 옥외 놀이터 설치나 보육사 배치인원 등 보육원의 설치 허가기준을 완화시켜 보육원을 증설하는 방향이 제시되었다. 민주당 정권은 행정 비대화를 우려하여 공공 서비스 확충에 신중한 입장이며 현금 급여를 우선하는 사고가 여전히 강함을 알 수 있다.

그러나, 많은 어머니들을 취업할 수 있도록 하여 복지국가를 지탱할 과세 기반을 확대하는 형태로 나아가지 못한다면 일본의 복지국가는 지속할 수 없을 것이다. 지속 가능한 복지국가를 만들기 위해서는 역시 공공 서비스 확충을 통해서 취업지원을 강화할 필요가 있다.

직업훈련을 둘러싼 딜레마

완전 실업률이 5.4%로 여전히 높은 상황에서는 실업자에 대해서 직업훈련 등의 휴직 지원을 하거나, 그 기간의 소득을 보장하는 것도 중요하다. 그런데 이 점에 관해서도 민주당 정권은 딜레마에 빠져 있다.

민주당은 선거공약에서 고용보험의 수급기간이 끊어졌거나, 애초부터 고용보험에 가입할 수 없었던 비정규 노동자 등을 대상으로 '제2의 안전망'을 제공하겠다고 약속했다. 즉, 그러한 사람들이 생활보호에 의지하기 전에 직업훈련을 받는 조건으로 한 달에 10만 엔의 소득보장을 실시한다는 것이다. 독일에서는 2005년부터 '구직자 기초보장'이라 불리는 유사한 제도를 도입하여 직업훈련을 받는 것 등을 조건으로 한 소득보장을 실시하고 있다.

일본은 지금까지는 공적인 직업훈련을 포함한 적극적 노동시장정책에 대한 지출을 GDP대비 0.3% 정도로 하여 독일의 3분의 1, 스웨덴의 4분의 1 수준이었다(2005년). '보호의 연쇄'를 통한 고용보장이 붕괴된 이상 가족에 대한 지출 증액과 마찬가지로 여기서도 다른 선진국 정도의 지원을 할 필요가 있다. 그런데 민주당 정권 하에서 실업자를 대상으로 한 직업훈련과 소득보장이 균형 있게 연계될 전망은 보이지 않는다.

그러기는커녕 아동수당 등 현금 급여의 재원을 확보하고자 직업훈련에 쓰일 재원을 동결하려는 시도조차 하였다. 이 점에 대해서는 설명이 약간 필요하다. 사실은 자민당의 마지막 내각이 되어버린 아소 내각도

2009년도 초대형 보정예산에서 '제2의 안정망' 형 정책을 3년 간 시한조치로 도입한 바 있다. 그것이 7,000억 엔의 예산이 배정된 '긴급 인재 양성·취직 지원 기금'이었다. 이것은 고용보험의 수급기간이 만료되거나 수급자격이 없는 사람들을 주요 대상으로 하여 직업훈련을 확충하는 한편, 훈련 수강을 조건으로 하여 월 10만 엔에서 12만 엔을 지급하는 것이었다.

그런데 이 사업의 위탁 대상인 특별민간법인 중앙직업능력개발협회가 후생노동성의 전형적인 아마쿠다리 단체이었고, 7,000억의 예산을 운용할 능력이 있는지 의심스러웠으며, 수강자 수도 늘어나지 않았다. 민주당은 이것을 관료의 이권단체 성격이 강한 것으로 간주하고 보정예산을 수정할 때 이 기금의 동결을 검토했다. 갑작스런 동결조치로 현장에서는 혼란이 일어났다. 결국에는 민주당의 나가쓰마 후생노동성 장관이 이 기금 중에서 3,400억 엔 정도를 동결 대상에서 제외시켜서 위탁처 재검토 등을 전제로 2011년도 이후로도 구직자 지원사업으로서 지속하도록 결정했다.

지속가능한 생활보장을 위해서는 현재 문제가 있더라도 직업훈련 등 공공 서비스 제공체제를 정비, 쇄신하여서 활용할 수 있도록 해야 할 것이다. 그렇게 하기 위해서는 민주당 정권은 단순한 관료제 비판에서 행정의 신뢰를 높이는 개혁으로 전환할 필요가 있다.

지금까지 일본의 생활보장은 관료지배, 족의원 발호, 남성생계부양자 중심의 가족상 등 여러 문제를 내재하고 있기는 하지만 한 가지 이점은 있었다. 그것은 고용을 축으로 한 생활보장이었다. 일본적 경영의 장기적 고용관행이든, 지방 공공사업이든, 사회보장 그 자체에 의한 것이 아니기는 하지만 광범위하게 사람들에게 일할 기회를 제공함으로써 사회를 안정시켰다는 점은 평가할 만하다.

관료주도의 '3중 구조' 해체는 불가피하다. 그렇지만 현금 급여에 과도하게 편중된 생활보장정책만을 고집하다가 '소뿔을 바로잡으려다 소를 잡는' 결과를 만들면 안 된다. 고용의 안정이야말로 생활의 안심을 경제의 활력으로 이어지게 하는 접점이다. '마구잡이식 살포'를 피하면서 고용을 축으로 한 생활보장을, 관료주도의 '3중 구조'로부터 분리시키면서 어떻게 계승할지를 찾아야 한다.

물론 옛날처럼 남성생계부양자가 같은 회사에서 정년까지 계속 근무하는 형태로서의 고용보장은 가능하지도 않고 바람직하지도 않다. 서비스산업 확대와 IT기술혁신으로 안정된 일자리가 줄어들고 있다. 고용은 불안정해졌고 파편화되었다.

따라서 사회보장이 고용을 지탱하는 방법도 변할 수밖에 없다. 고용기간이 정해진 고용을 직업훈련이나 생애교육으로 이어가고, 보육서비스 지원을 통해 젊은 어머니를 노동시장과 연결시켜 주거나 저임금에 대해서는 지원을 통해 세금 공제 등으로 보완할 필요가 있다. 사회보장은 지금 수준 이상으로 고용과 일체화될 필요가 있다.

새로운 생활보장 전망을

민주당의 선거공약이나 정책집 『인덱스 2009』을 보면, 사실은 고용을 지원하는 정책이 다수 열거되어 있다. 필요한 것은 고용을 축으로 한 생활보장 재구축 비전이다. 자주 지적되는 것처럼 민주당 정권이 무엇보다도 중요시하는 선거공약에는 전체를 아우르는 비전이 보이지 않는다. 자민당 정치가 카스미가세키(霞が關: 일본 중앙부처가 운집해 있는 지역) 성청 간의 종적 할거 구조에 얽매어 있었다고 한다면 민주당 선거공약에는 각 분야에서 전문성을 자랑하는 정치가들의 종적 할거 구조가 엿보인다. 개별 분야의 정책은 잘 다듬어져 있지만 횡적 연계가 없다. 생활보장의 비전을 제시하기 위해서는(민주당의 선거공약 항목을 들어 말하자면), '자녀양

육·교육 연금·의료·고용·경제'의 연계가 불가결하다.

여기서 물론 필자가 민주당 정권을 대신하여 비전을 제시할 수는 없다. 그렇지만 지금까지의 논의를 토대로 생각해 보면 그것의 큰 틀이 보인다. '탈 관료' 사회란 사람들의 자립과 참가의 사회이다. 따라서 '생활 제일'에서도 현금 급여에 의한 수동적인 안심보다 자립과 사회참가라는 조건이 보장되는 능동적인 안심이 추구되어야 할 것이다.

이러한 사회상에 따른다면 민주당의 선거공약과 그 후의 정책 전개는 다음과 같이 정리할 수 있다.

첫째, 참가 지원의 정책군이다. 여기에는 지금까지 언급해 온 보육서비스나 직업훈련에 덧붙여서 고등교육의 기회 보장이나 생애교육 등이 포함된다. 이런 것들에는 행정의 관여가 크기 때문에 민주당 정권에서는 뒷전으로 밀리기 십상인데 고용을 지탱하기 위해서는 우선도가 매우 높은 정책군이다.

둘째, 지속가능한 고용창출이다. 참가 지원이 이루어진다고 해도 참가의 주요한 통로인 고용이 확대되지 않는다면 의미가 없다. 신자유주의적인 발상이 강했던 시대에는 글로벌한 시장 경쟁과는 다른 차원에서 고용을 창출, 유지하는 것은 성장에 마이너스라는 인식이 강했다. 그런데 신자유주의의 총본산이기도 했던 미국에서 그린 뉴딜의 깃발이 휘날리게 되었다. 지역이 피폐해져 빈곤이나 범죄가 만연하는 것을 생각해 본다면 공적 자금을 투입해서라도 고용을 유지하는 편이 장기적으로 볼 때 플러스라는 인식이 확산되었다.

고용창출 전략은 민주당 선거공약에서는 극히 미진했었는데, 민주당 정권은 2009년 말에 '긴급 고용 대책(하토야마 고용 전망)'을 세웠다. 그것은 개호 인력의 확보나 처우 개선을 축으로 한 '개호 고용 창조', 농림, 환경, 관광 관련의 '그린 고용 창조', 나아가 NPO, 사회적 기업이 주도하는 '지역사회 고용 창조'라는 세 축으로 구성되었다. 재원 면에서는 기존

시책의 틀을 계승한다고 되어 있는 점 등 한계도 있지만 민주당 정권이 고용 창출 전략에 혼신의 힘을 기울인다면 고용을 축으로 한 생활보장 면에서 중대한 전진이 있을 것이다.

셋째, 생활 보장이 가능한 고용이 되도록 하는 정책군이다. 참가 지원이 증대한다고 해도, 또 고용이 창출된다고 해도 고용조건이 너무나 나쁘다면 그것은 워킹 푸어로 나아가는 길이 되고 만다. 일본의 비정규 노동자의 임금은 지금까지 관료 주도의 '3중 구조'의 기층인 가계를 보면 주부가 파트 타임 노동자로서 남성생계부양자의 임금을 보완하는 수준에 묶여 있다. 민주당 선거공약이 내건 균등대우와 최저임금이 여기서 필요해진다.

그렇지만 예를 들어 최저임금제도가 중소기업의 경영기반을 흔들면 지속가능한 고용창출이라는 전제가 위협받는다. 따라서 생활을 보장해 주는 고용은 근로소득만이 아니라 사회수당이나 조세제도 등 근로소득을 보완하는 소득보장을 통해서 실현되어야 한다. 원래 아동수당은 여기서 자리매김 되어야 할 성질의 것이다. 민주당 정책집에 나와 있는 것처럼 그것은 배우자 공제와 부양자 공제(일반)로 대치되는 것이며, 따라서 전업주부 우대에서 맞벌이 가구를 전제로 한 틀로 전환하는 것이다. 게다가 세금 공제도 고용의 생활보장성을 높여서 근로소득을 보완하는 틀이라는 맥락에서 도입된다. 즉, 세금공제는 현실적으로 최저임금제도로는 끌어올릴 수 없는 소득을 보완하는 기능을 해야한다는 것이다.

넷째, 일과 생활의 균형을 실현하는 정책군이다. 고용을 축으로 한 생활보장이라고 해도 지금까지의 일본형 생활보장처럼 장시간 노동으로 가족의 생활이 희생된다면 그와 같은 고용 자체가 지속할 수 없고, 저출산도 더욱 진행될 것이다. 도쿄도의 고용자 평균 귀가시간은 밤 11시이다. 이러한 사태의 근본적 개혁은 안정된 생활보장을 위해서는 불가결하다.

그런데 민주당 정권은 이에 대한 새로운 비전을 아직까지 명확하게 제시하지 못하고 있다. 한편으로는 정치자금을 둘러싼 스캔들 등 자민당 정권을 연상하게 하는 사건도 계속되고 있다. 그 결과 민주당 정권에서 하토야마 수상에서 간 수상으로 바뀌었지만, 간 수상이 새로운 생활보장 비전을 제시하지 못한 채 소비세율 인상을 언급했기 때문에 2010년 참의원 선거에서 민주당은 대패하였다.

정권교체 후 일본 정치는 여전히 전망이 불투명하다. 앞으로 어떠한 방향으로 나아간다고 하더라도 흐름을 정확하게 이해하기 위해서는 이 책을 한 번 읽어 보는 것이 매우 유익하리라고 생각한다.

이 책의 한국어 번역은 임성근 박사가 해 주었다. 임성근 박사는 도쿄대학에 탁월한 논문을 제출하여 박사학위를 이제 막 취득한 기예의 연구자이며, 『복지국가 전략: 스웨덴 모델의 정치경제학』에 이어서 다시금 나의 책을 번역해 주었다. 다시 한 번 감사를 표하고 싶다.

2010년 무더운 여름

미야모토 타로

이 책은 홋카이도 대학 미야모토 타로(宮本太郎) 교수의 저서『福祉政治:日本の生活保障とデモクラシー』(有斐閣, 2008)을 번역한 것이다. 미야모토 교수의 저서가 한국어로 번역되는 것은 이번이 두 번째가 된다. 첫 번째 책은『복지국가전략: 스웨덴 모델의 정치경제학』(논형, 초판 2003, 수정판 2011)이었는데, 2004년 대한민국학술원 우수학술도서로 선정된 바 있으며 관련 연구자들 사이에서 많이 읽혀진 것으로 안다. 첫 번째 책은 제목에서 알 수 있는 것처럼 스웨덴 복지국가를 다룬 것이다. 그리고 이번 책은 역시 제목을 보면 짐작할 수 있듯이 일본의 복지국가를 다룬 것이다. 그리고 두 책 모두 정치학적 관점이 들어가 있다.

일본의 복지에 대한 책들이 한국에 많이 소개되어 왔지만 일본의 복지국가가 형성되고 변화해 가는 모습을 명확한 논지를 가지고 설명한 책은 드물다. 사실 일본 내에서조차 이 책만큼 현대 일본의 복지국가를 명료하게 분석한 글은 그리 많지 않을 것이다. 특별히 복지를 고용과 연계하여 일관성 있게 설명해 낸 솜씨는 탁월하다고 평가해야 할 것이다.

그러면 간략하게 이 책의 내용을 소개하고자 한다. 이 책은 미야모토 교수의 말대로 복지정치라는 관점에서 일본의 생활보장과 민주주의를 되돌아 본 것이다. 이 책에서 사용되는 생활보장이라는 용어는 약간의 설명이 필요하다. 여기서 생활보장이란 사회보장과 고용보장을 총괄하는 의미이다. 미야모토 교수가 이처럼 복지를 설명하면서 구태여 생활보장이라는 용어를 차용한 것은 사회보장뿐만 아니라 고용보장까지를 고려해야만 일본의 복지국가를 파악할 수 있다고 보기 때문이다.

일본은 사회보장에 대한 지출은 억제하였지만 공공사업이나 업계보호를 통해서 고용보장을 하는 데는 많은 지출을 해 왔다. 고용보장은 기업, 업계를 단위로 이루어졌는데 후생연금기금처럼 공적 연금을 기업연금화 하여 보강되었다. 즉, 직역별로 나뉜 고용보장과 직역별로 나뉜 사회보장제도가 조합되었던 것이다. 이런 구조를 미야모토 교수는 '분립된 생활보장'이라 표현하고 있다. 이처럼 직역별로 서로 다른 제도와 정책이 펼쳐진 결과 마치 개별적으로 구축된 다수의 참호와 같은 상태가 되었다. 이렇게 각각 분립된 형태로 고용을 유지하기 위한 노력이 강구되었고 동일한 부문 내에서는 상대적으로 평등한 결과를 낳았다. 그러나 부문의 경계를 초월한 연계는 등한시 되었다. 결과적으로 사회 전체적으로는 상호 연대와 재배분 관계는 매우 불분명했고 상호간 불신이 쌓였다. 그리고 재배분 원리에 대한 국민적 논의나 합의는 이루어지지 못했다.

미야모토 교수는 일본형 고용레짐은 고생산성 부문의 대기업에서는 1960년대 말에 일본적 노무관리 구조가 형태를 갖추면서 형성되었다고 서술하고 있다. 그것은 장기적 고용 관행을 전제로 하여 연공제와 능력주의 관리를 조합하여서 기업 내 복리후생과도 연동시킨 것이었다. 그리고 1970년대 초에는 전통적인 지지층을 붙잡아 두려는 자민당이 저생산성 부문에 대해서도 공공사업과 보호·규제를 통해서 고용을 안정시키려는 구조가 다양한 방법을 통해서 강화되었다.

이처럼 일본의 고용레짐의 형성은 고생산성 부문의 민간 대기업과 영세한 유통업이나 건설업 등의 저생산성 부문이 서로 다른 정책에 의해서 분립된 형태로 이루어졌다는 특징을 갖고 있다. 미야모토 교수는 이를 적극적 노동시장정책을 통해서 저생산 부문에서 고생산 부문으로 노동력을 이동시켜 양 부문을 밀접히 연계시키는 스웨덴의 고용레짐과 대비시켜 설명하고 있다.

1980년대 일본은 행정개혁에 의해서 복지레짐을 삭감하였다. 그런 와중에도 고용레짐은 모습을 바꿔서 유지시켰다. 당시 자민당이 지방의 전통적 지지층을 대상으로 했던 이익유도정책을 철폐할 수 없었기 때문이었다. 따라서 한편으로는 행정개혁을 도시 신중산층에게 어필하면서 다른 한편으로는 지방에 대한 이익유도정책을 유지하는 모순적인 정치가 펼쳐졌다. 결과적으로 이와 같이 '양다리'를 걸치는 정치는 고용레짐의 수평적인 분열을 심화시켰고, 합의에 의한 재분배가 아니라 정치적인 편법으로 수직적인 계층화를 낳아, 그 역효과는 1990년대에 다양한 형태로 분출하였다.

그리하여 고이즈미 개혁에서 정점에 달하는 구조개혁이 추진되었다. 이로써 고용보장을 위한 제도적 기반은 해체되어 갔다. 생활보장의 주축이었던 고용레짐이 흔들리고 가족에 대한 의존도 한계에 이르는 상황에서 지금까지의 분립된 생활보장에 의해서 억제되어 왔던 수직적인 소득계층화가 두드러지게 되었고, 종적 분열도 가시화되었다.

이상이 이 책을 개략적으로 요약한 것이다. 지금부터는 역자의 생각을 곁들이며 조금 더 설명을 하고자 한다. 이 책에서는 키워드의 하나로 '분립된 생활보장'라는 용어가 사용되고 있다. 사실 '분립된 생활보장'은 에스핑 안데르센의 복지자본주의 유형에서 보면 보수주의 레짐에 속하는 국가들에서 공통적으로 나타나는 것이라 할 수 있다. 다만, 일본은 작은 복지레짐과 큰 고용레짐의 조합이라는데 특징이 있다고 하겠다.

그렇다면 생산성이 다른 다양한 산업이 존재하는 가운데 어떻게 큰 고용레짐을 유지할 수 있었던 것일까. 그것은 지속적인 경제성장이라는 조건이 전제되지 않고는 어려울 것이다. 만약에 경제가 지속적으로 성장하는 상황이라면 기업들은 큰 고용을 유지할 수 있을 것이다. 어떤 면에서는 기업들은 오히려 어느 정도 여유가 있는 고용상태를 유지해야만 급속한 성장에 대응해 갈 수 있을 것이다. 그러나 저생산성 부문의 기업이나 산업에게까지 지속적인 성장이 담보되기는 어려운 일이다. 따라서 저생산성 부문이 큰 고용을 유지하도록 하려면 정치적, 행정적 조정이 필요한 것이다. 이것이 이익유도형 정치의 배경이 된다. 어쨌든 일본에서 큰 고용레짐이 가능했던 배경에는 급속한 경제성장이 있었음에 유의해야 할 것이다. 또한 이는 역시 급속한 경제성장을 경험한 바 있는 한국의 사례를 분석할 때 참고가 될 것이다.

그런데, 일본에서 1980년대 이후 진행된 개혁은 생활보장에 있어서는 어떠한 변화를 가져왔던가. 미야모토 교수에 의하면, 1980년대 생활보장 개혁이 주창되었는데, 복지레짐 삭감은 이루어졌지만, 고용레짐은 비가시화 조작을 통해서 유지되었다고 한다. 그러다가 1990년대 중반에 이르러서는 고용레짐에 대한 비가시화 조작이 한계를 드러내고, 비판이 집중됨에 따라 결국에는 고용레짐을 축소하는 개혁이 이루어졌다고 한다.

조금 더 구체적으로 복지레짐과 고용레짐의 삭감에 대해서 생각해 보기로 하자. 복지레짐과 고용레짐은 분명히 성격이 다르다. 복지레짐이 소득의 재분배라고 한다면 고용레짐은 고용의 분배(조정)라고 할 수 있다. 복지레짐에서 소득의 재분배를 생각할 때, 사회보험제도에 한정해서 본다면 보험료와 밀접한 관련이 있다. 사회보험제도에서 소득 재분배는 보험료를 리스크와의 상관성을 낮추고, 소득과의 상관성을 높임으로써 달성된다. 다시 말하면 각자의 리스크와는 관계없이 소득에 따라서 보험료를 갹출할 때 소득 재분배가 이루어질 것이다. 그런데 모든 사람을 대상으로 하여 그렇게 하기란 사회적 합의를 얻기가 힘들다. 그리하여 비숫한 정도의 리스크와 소득을 가진 이들을 단위로 하여 사회보험제도가 운영되는 게 일반적이다. 일본 역시 그러한 제도를 갖고 있었다. 그런 상황에서 복지레짐을 삭감하는 개혁이 이루어졌고, 국가 부담의 억제도 중요한 과제로 부상하였다. 결과적으로 그동안 복지레짐에 의해서 상대적으로 혜택을 받아왔던 이들의 부담은 늘어났고, 재정적으로 여유가 있는 부문에 대해서도 재정적 기여를 하도록 했다. 그 구체적인 형태가 의료보험제도 간의 재정조정이라 할 수 있다. 또한 연금제도에서 기초연금제도를 도입한 것도 그와 유사한 맥락이라고 할 수 있다. 이처럼 복지레짐의 삭감은 미야모토 교수가 말하는 저생산성 부문과 고생산성 부문 양쪽의 부담을 늘리면서 국가 부담은 억제시키는 것이었다.

다음으로 고용레짐의 개혁에 관해서 생각해 보도록 하자. 미야모토 교수는 1980년대에 고용레짐 개혁이 제기되었지만 실제로 개혁이 이루어진 것은 1990년대 중반 이후라고 했다. 그때부터 일본의 고용레짐의 두 축이었던 '일본적 경영'과 '토건국가'가 무너지기 시작했던 것이다. 먼저 '일본적 경영'이란 고생산성 부문에서 행해지고 있었던 것인데, 그것의 붕괴는 고생산성 부문의 생산성과 수익성이 떨어졌기 때문이었다. 그리고 이러한 경영 압박을 받은 고생산성 부문은 저생산성 부문을 지원하는 체제였던 '토건국가'를 해체하라고 요구하게 되었던 것이다. 그런데 '토건국가'의 해체는 저생산성 부문의 고용 축소로 이어질 수밖에 없었다. '일본적 경영'의 붕괴 역시 고용 축소를 의미하기 때문에 고용 문제가 매우 심각해졌다. 고생산성 부문의 고용 축소로 유출된 이들 중 상당수가 저생산성 부분의 복지제도로 흘러들어가 그것의 재정을 압박하게 되고, 이는 원래 저생산성 부문에 속해 있던 이들도 '토건국가'의 해체로 인해 고용이 축소된 것과 겹쳐서 더욱 그것의 재정을 압박하게 되었다.

한 나라의 경제에 고생산성 부문과 저생산성 부문이 존재하는 한 사회 통합을 위해서는 어떤 식으로든 조정이 필요하다. 이에 대해서 스웨덴은 적극적 노동시장정책을 통해서 노동력을 저생산성 부문에서 고생산성 부문으로 이동시키는 방법을 선택하였다. 스웨덴과 같은 소국에서는 적극적 노동시장정책을 통해 노동력을 이동시키는 수법이 상대적으로 수월하지도 모르겠지만 일본과 같이 일정 정도 큰 규모의 국가에서는 반드시 쉽지만은 않다. 그렇다고 한다면 고생산성 부문에서 저생산 부문으로 소득을 이전하는 수법은 불가피한 것이라고 볼 수 있다. 이렇게 본다면 해결해야 할 것은 재정이전 자체라기보다는 그 과정에 대한 합의 문제일 것이다. 미야모토 교수가 지적하는 것처럼 일본에서는 그러한 재정 이전이 합의에 의한 것이 아니라 정치적인 편법(제도 전용, 실적 회피 전략, '보이지 않는' 이익유도 등)에 의한 것이었다는 데 문제가 있었음을 확인하고, 거기로부터 해결점을 찾는 노력이 시도되어야 할 것이다.

이 책의 내용 중에서 무엇보다도 우리의 관심을 끄는 것은 개혁의 방향일 것이다. 미야모토 교수는 일본의 복지정치가 나아가야 할 방향으로서 크게 두 가지를 제안하고 있다. 첫째, 정책에 대한 국민적 합의 부재를 극복하기 위한 방법으로 숙의형 민주주의를 소개하고 있다. 미야모토 교수는 숙의형 민주주의에 대해서 지나치게 큰 기대는 할 수 없다고 전제하면서도 숙의를 통해 어떤 문제를 해결하게 되면 사회 참가, 인적 자원 활용, 신뢰관계 형성 등 많은 보상을 얻게 될 것이라고 말하고 있다. 둘째, 복지국가에서 복지 거버넌스로 전환이 필요하다고 지적하고 있다. 그가 제안하는 복지 거버넌스는 그리하여 소득보장은 국가가 보다 유연한 형태로 담당하고, 공공서비스는 기초자치단체 단위에서 행정조직과 민간조직이 협력하며 대응하고, 고용창출은 광역자치단체가 각 지역의 특성을 고려하여 주도권을 발휘하는 형태이다.

미야모토 교수의 이러한 제안의 배경에는 2000년대 초에 일본을 온통 들뜨게 했던 고이즈미 개혁에 대한 비판적 시각이 자리하고 있다. 고이즈미 정권은 구조개혁을 통해서 고생산성 부문의 대기업 경쟁력을 강화시키면 저소득자의 소득도 끌어 올릴 수 있다고 주장하였다. 사람들은 시장원리를 전면에 내세운 개혁이 오랫동안 일본사회에 고착되어 있던 이권을 철폐하여 새롭게 활력을 되찾게 해 줄 것으로 기대했다. 그러나 고이즈미 개혁은 오히려 격차를 확대시키고 생활을 더욱 불안정하게 만들었다. 미야모토 교수는 고이즈미 개혁 논리를 부유층과 저소득층 양쪽으로부터 지지를 얻으려는 전략적 어법에 지나지 않았고, 사태를 단편화하고 마는 '극장 정치'의 전형이라고 비판한다. 그것은 또한 이익대립을 필요 이상으로 부추기는 '분열의 정치'이었다고 꼬집었다.

이 책은 미야모토 교수의 말대로 새로운 생활보장 형태까지를 본격적으로 다룬 것은 아니다. 그러나 현재 일본의 생활보장이 안고 있는 문제의 역사적 배경을 새로운 시각으로 설득력 있게 설명하고 있으며, 구체적인 형태는 아니지만 복지정치의 방향을 제시하고 있다. 그런 점에서 이 책은 한국의 생활보장을 이해하는 데 있어서 새로운 분석틀을 제공해 주고 있으며, 그것이 한국 상황에서 어느 정도 활용 가능한 지는 아직 단언할 수 없다. 그렇지만 적어도 비교 연구라는 측면에서는 많은 시사점을 제공해 줄 것으로 확신한다.

자신의 귀중한 책을 역자에게 번역할 기회를 두 번이나 준 미야모토 교수에게 감사함을 전한다. 미야모토 교수는 대학에서 가르치는 일과 민주당 정부 위원회의 일을 겸하느라 홋카이도와 도쿄를 일주일에 두어 번을 왕복하는 바쁜 생활을 하는 가운데서도 장문의 한국어판 서문을 써 주었다. 역자는 훌륭한 학술적 성과를 한국의 독자들과 함께 하고 싶다는 마음에서 이 책을 번역하였다. 이 책을 통해 한국의 독자들이 일본의 복지국가 혹은 정치에 대한 이해가 깊어지기를 기대하며, 연구자들에게는 연구에 조금이나 도움이 되었으면 한다. 그리고 이 자리를 빌어 일본

연구에 많은 관심을 보여주시고 연구자들에게 최적의 연구환경을 조성해 주시기 위해 노력하시는 한국행정연구원 박응격 원장님께 감사의 마음을 전한다. 그리고 원고 교정에 힘써준 한국행정연구원 장현성 위촉연구원과 박현승 인턴에게도 고마움을 전한다. 끝으로 일본 연구에 열정적인 관심을 갖고 있고, 출판을 통해 한일 학술교류를 지원하는 소재두 사장에게 깊이 감사한다.

2011년 10월
도쿄에서 임성근

머리말

    복지는 일본에서도 수십 년 전에는 월급쟁이들이나 젊은 대학생들에게는 별로 관심을 끄는 화제가 아니었다. 고용 상황이 안정되고 가족 또한 안정된 시절에는 사회보장이나 복지는 일반적으로 '좋은 것'일망정 자신들에게는 아직은 먼 훗날의 이야기일 뿐이었다. 그런데 이제 세상이 많이 변했다. 어떻게든 건실한 회사에 들어가 행복한 가정을 꾸리기만 하면 그 뒤로는 별 걱정 없이 살아갈 수 있다고 생각하는 대학생은 이제 거의 없다. 일본 경단련이 2004년에 실시한 '최고 경영자 앙케트 조사'(209개 회사 대상)를 보면, '앞으로도 장기고용을 중시할 계획이다'라고 회답한 기업 비율이 29%에 그쳤다. 소수 정예를 지향하는 직장은 스트레스로 숨이 막힐 지경이 되었고, 과로로 말미암은 산업재해 건수는 늘어나고 있다.

    그렇다고 비정규 혹은 시간제 일을 하며 '여유 있게'살아갈 수 있느냐 하면 그렇지 않다. 대우 면에서 정사원과 너무나 차이가 난다. 고용 상태가 매우 불안정(precarious)한 사람들을 일컫는 '프리케리아트(precariat)'라는 말이 회자되고 있다. 그리고 일을 해도 생활이 여유롭지 못한, 다시 말해서, 연간수입이 200만 엔 이하인 급여소득자를 칭하는 '워킹 푸어(working poor)'라는 용어도 등장했다. 2006년 국세청 자료에 의하면 그런 워킹 푸어가 1,022만 명이나 있다. 이는 급여소득자 4명 중 1명꼴인 셈이다. 그들 중 70% 이상이 여성이다. 넷 카페(net cafe)에서 숙박을 해결하는 사람들을 '넷 카페 난민'이라고 하는 데, 그런 사람들이 2007년 후생노동성 조사에 의해서 파악된 것만 해도 5,400명이나 있다. 그리고 하룻밤 1,000엔 정도 하는 넷 카페 이용료를 절약하려고 햄버거 가게에서 밤을 지새우는 '맥 난민'이 늘고 있다는 얘기도 들린다(雨宮, 2007).

어려움은 젊은 층에게만 있는 게 아니다. 자녀를 키우는 주부 가운데는 고민을 함께 나눌 상대를 찾으려고 지역에 있는 단체들을 기웃거리는 사람들이 늘어나고 있다. 이들을 '보육 집시'라고 부른다. 개호보험법이 개정되어 요양형 병상이 줄어들어 앞으로 4만 명이 넘는 '개호 난민'이 출현한다는 예측도 나왔다.

부지불식간에 풍요로운 나라, 일본에 '푸어(poor)' 혹은 '난민'이라 불리는 사람들이 늘어나고 있다. 이런저런 '삶의 어려움'을 짊어진 채, 일에 있어서도 그리고 사회적 관계에 있어서도 어려움을 느끼는 사람들이 매우 많아졌다.

전국 선거에서는 연금을 비롯한 사회보장정책이 유권자들에게 가장 주목을 끄는 이슈가 되었고, 양극화도 쟁점이 되고 있다. 이는 당연한 일인지도 모른다. 사람들이 맞닥뜨리는 위험이나 불안은 개인이 해결하기에는 너무나도 큰 구조적 문제이어서 정치를 통해서만 해결책을 찾아 낼 수 있기 때문이다.

도대체 왜 이렇게 되었나? 사람들은 사회보장이나 고용에 관해서 정부가 무엇을 해주기를 원하는가? 그리고 일본 정치는 사람들의 불안이나 삶의 어려움에 대해서 어떻게 대응하려고 하는가? 우리는 일본 정치와 사회가 심각한 교착상태에 빠져 있다는 사실을 알고 있다. 무엇보다도 정치가 딜레마에 빠졌다. 일본은 21세기로 접어들어 몇 년 동안 고이즈미 총리가 주도한 개혁으로 들떠 있었다. 시장원리를 전면에 내세운 개혁으로 오랫동안 일본사회에 고착되어 있던 이권이 사라지고 활력이 되돌아 올 것으로 많은 사람이 기대했다. 그런데 고이즈미, 아베 두 정권에 의해 추진되는 개혁을 지켜보면서 사람들은 점점 격차가 확대되고, 생활이 불안정해짐을 깨닫게 되었다. 이제 더 이상 개혁을 외치는 것만으로는 사람들로부터 관심을 끌어 모을 수 없게 되었다. 그렇다고 해서 결코 사람들은 이전과 같이 이익유도정치가 부활하기를 원하지는 않는다.

이렇게 일본 정치는 장기적인 비전을 결여한 채 당장에 지지를 받을 수 있는 것에만 계속 손을 대는 임기응변적인 정치가 되었다. 사람들은 그런 정치 모습을 보면서 불안해하고 불만스럽게 생각한다. 그러나 한편으로는 여론 또한 모순적인 모습이 보인다. 여기서 잠깐 필자 역시 관여한 바 있는 2007년 가을 전국여론조사 결과를 소개하고자 한다. 일본이 어떠한 사회가 되기를 원하는가를 질문한 결과, 58.4%가 '북유럽과 같이 복지를 중시하는 사회'라고 응답했다. 그리고 31.5%는 '이전 일본과 같이 종신고용을 중시하는 사회'를 원했으며, '미국과 같이 경쟁과 효율을 중시하는 사회'를 원한다는 응답은 겨우 6.7%밖에 되지 않았다(山口·宮本, 2008).

그런데 그러한 방향으로 나아가기 위해서 일본의 시스템 중에서 무엇을 바꾸어야 한다고 생각하는지를 질문했더니 '북유럽과 같이 복지를 중시하는 사회'를 목표로 해야 한다고 대답한 사람 중에서도 30% 가까이가 '관료의 힘을 약화시켜야 한다'고 했다. 그리고 사회보장 재원을 어떤 방법으로 확보해야 한다고 생각하느냐고 질문하였더니, 46%가 '행정개혁을 철저히 해야 한다'고 대답했다. 이는 마치 작은 정부를 만들어 북유럽 복지국가처럼 되기를 바라는 것처럼 보인다. 일본은 공공지출의 크기에서도, 공무원 수에서도 이미 작은 정부가 되었는데도 말이다.

이러한 태도를 굳이 표현하자면 '행정 불신이 팽배한 복지 지향'이라고도 할 수 있을 것이다. 그런데 여론과 더불어 대중매체도 마찬가지 성향을 보이고 있다. 워킹 푸어 문제가 관심을 끌게 되면서부터는 그런 문제에 대해서 대중매체도 동정적 반응을 보이고 지원도 외치고 있다. 그런데 정부예산을 줄이지 않는 예산 편성을 하는 모습을 보이면 '개혁에 제동을 건다'는 식으로 비판한다. 이러한 여론과 대중매체의 성향과 정치 부진 사이에는 분명히 상관관계가 있다. 사회안전망이 심각할 정도로 와해되고 있는 한편, 행정에 대한 불신도 매우 뿌리 깊어 일본 정치와 사회는 이러지도 저러지도 못하는 상태에 빠지고 말았다.

그렇다면 해결책은 무엇인가? 어떤 해결책이 제시되든지 그 전제로서 이러한 교착상태가 왜, 어떻게 만들어졌는지를 밝힐 필요는 있다. 이 책은 복지정치라는 관점에서 전후 일본의 생활보장과 민주주의를 돌이켜 보고자 한 것이다. 다시 말해서 전후 일본은 생활보장을 어떻게 실현하였으며, 정부는 무엇을 약속하였고, 그것을 얼마만큼, 어떻게 실천해 왔는가를 살펴보고자 하였다.

생활보장은 사회보장과 고용보장으로 나뉘는데, 일본의 생활보장은 사회보장지출은 억제하고, 공공사업이나 업계 보호를 통해서 일을 분배하는 형태로 이루어졌다. 사회보장의 소득 재분배는 일관성 있고 명시적인 규정이 필요하지만 일의 분배는 행정적인 재량과 정치 개입이 이루어질 가능성이 많아 다양한 이권이 증식됐다. 1980년대 이후에 도시 신중간층의 불신감이 팽배해지자 집권당이 스스로 행정개혁을 실시하는 모습을 보이기도 했지만, 실상은 이익유도정책을 계속 펼쳐왔다.

글로벌화가 진행되자 이러한 일의 분배 시스템은 기능부전에 빠졌다. 고령화 진행과 더불어 공적인 안전망의 필요성은 높아졌지만 이미 사람들은 행정에 대한 신뢰를 많이 잃어버렸고, 조세가 납세자들의 생활을 지탱한다는 생각도 별로 하지 않는다. 이 때문에 '행정 불신이 팽배한 복지 지향'이라는 여론이 형성된 것이다.

복지와 고용을 뒷받침해 주는 정치에는 미국과 같이 강한 시장지향적 사고이든, 스웨덴과 같이 재분배를 중시하든지 간에 어떠한 형태로든지 공공적 이념이 불가결하다. 이 책은 일본의 복지정치가 사람들 간 이해 대립을 이념과 원칙에 근거하여 조정하기 보다는 오히려 그러한 대립과 분열을 이용한 정권유지전략을 계속 구사해 왔음을 밝히고 있다. 현재의 교착상태는 무엇보다도 정치가 만든 것이며, 그것을 타개하기 위해서는 분열의 정치로부터 벗어날 필요가 있다.

목차

일본의 복지정치

왜 문제인가, 어떻게 논할 것인가?

복지정치는 생활보장에 관한 정치이다. 여기서 생활보장이란 사회보장, 즉 사회보험, 공적부조, 사회서비스와 고용보장, 즉 고용을 창출하고 확대하는 정책을 두 축으로 한다(加藤, 2001). 글로벌화와 고령화 진행이 생활을 불안정하게 한다. 일본에서도 연금, 격차, 고용 등에 관한 관심이 높아졌다. 그래서 복지정치는 최근 급속히 정치의 중심적인 과제로 부상하고 있다. 그럼에도 정당은 일본의 생활보장에 대한 비전을 제시하지 못하고 있다. 정당구조는 양당제로 나아가고 있지만, 그것의 본래 장점인 정책대결은 제대로 이루어지지 않고 있다. 투표에서 선택의 여지는 좁아졌고 생활 관련 쟁점은 부각되지 않고 있다.

국민들은 이런 상황을 초조하게 지켜보고 있다. 그러나 그런 국민들도 서문에서 언급한 것처럼 딜레마를 안고 있다. 국민들은 생활보장과 사회 안전망이 강화되기를 바라지만 세금이 그것을 위해서 제대로 쓰이는지에 대해서는 많은 의구심을 갖고 있다. 그래서 사람들은 우선 정부지출을 삭감할 것을 요구하는 것이다. 그러나 그렇게 한다고 해서 복지 수요가 충족될 수는 없으며, 오히려 공공서비스와 소득보장 축소로 이어질 우려가 있다. 그렇게 되면 다시금 중앙정부나 지방자치단체가 제공하는 생활보장을 철회할 수밖에 없는 악순환이 반복된다. 국민들이 배제된 딜레마는 정치와 행정의 행태 때문에 비롯된 것인데, 그것이 다시 정치에 반영되면서 교착상태를 더욱 강화시키고 있는 것이다.

● 명확히 밝혀져야 할 것

엉킨 실타래를 풀어 교착상태를 타개할 실마리를 얻으려면 다음과 같은 점들이 밝혀져야만 한다.

①우선, 일본의 생활보장 제도체계를 좀 더 폭넓게 파악할 필요가 있다. 생활보장을 지탱하는 두 개의 축인 사회보장과 고용은 각각 개별적

으로 논해지는 경우가 많다. 그러나 특히 일본의 경우에는 양자의 연관을 밝히는 게 중요하다. 일본은 전후 일관하여 사회보장에 대한 지출을 억제해왔다. 다시 말해서 작은 복지국가였다. 그럼에도 평등하고 안정된 국가라는 인식이 강했고, 어떤 면에서는 '사회주의국가'라는 평가마저 들었다. 이것은 일본의 정치가 충실한 사회보장을 완성했기 때문이 아니라 고용에 중점을 둔 생활보장, 예를 들어 '일본적 경영'이나 '토건국가' 등의 메커니즘이 작용했기 때문이었다.

회사나 업계가 가족과 연대하여 사회보장의 기능을 대체했다는 점에 대해서는 필자를 비롯하여 여러 사람들이 언급했다. 일본은 결과적으로 글로벌화와 탈공업화 속에서 가장 허약한 구조에 가장 많이 의지해 왔던 것이다. 여기에 그동안 안정된 듯 보였던 사회가 갑작스럽게 바닥을 들어내게 된 배경이 있다고 할 수 있다. 그러나 한발 더 나아가 오늘날 교착상태의 요인을 찾아내려고 한다면 현재의 구조를 조금 더 면밀하게 고찰할 필요가 있다.

고용에 중점을 둔 생활보장 방식은 다른 나라와 비교해 볼 때 어떠한 특징을 갖고 있는가? 협의의 사회보장 형태에 어떤 왜곡이 있었던가? 상대적으로 안정된 사회 속에서 연대가 성장하지 못하고 오히려 쇠퇴해버린 이유를 이러한 제도체계의 구체적 전개과정을 살펴봄으로써 찾아낼 수 있지 않을까?

② 따라서 제도 형성의 배경이 된 이익대립과 정치대립을 살펴보는 것이 중요하다. 생활보장 구조 내부에는 다양한 이익대립이 있다. 그것은 생활보장제도가 어떤 집단에서 다른 집단으로 소득 이전을 동반하기 때문이다. 이익대립이 가장 현저한 형태로 나타난 예는 미국의 사회보장정책일 것이다. 미국에서는 사회보장 지출이 모자세대 등 빈곤층에 집중되는 경향을 보이자 1970년대 말부터 백인 중간층을 중심으로 하여 납세자 반란이 일어났던 것이다.

그와 유사한 대립이 협의의 사회보장 이외의 생활보장에서도 나타난다. "세금이 자신들은 사용하지도 않는 도로나 항만 공사 등의 일자리 만들기에 쓰이고 있다" "농업이나 자영업은 소득세 공제 혜택을 받기 쉬운데, 봉급생활자는 손해만 본다"라는 불만이 행정개혁과 세제 개혁으로 이어졌다.

여기서부터 기득권집단과 도시봉급생활자 층의 이익대립이라는 비교적 잘 알려진 구도가 나타난다. 그러나 이웃간 다툼이라면 몰라도 멀리 떨어져, 전혀 다른 일에 종사하는 사람들 간에 이익이 실제로 어느 정도까지 일치하는지, 혹은 대립하는지를 파악하기란 그렇게 간단한 일은 아니다.

정치와 행정, 그리고 대중매체에 의해서 반복해서 표출되는 담론은 사람들이 서로 이해가 상이한 사회집단과의 관계를 어떻게 받아들일지에 많은 영향을 준다. 그러면 그런 담론이 사람들 간의 대립을 부추기거나 혹은 잘못 유도한 적은 없었던가?

③ 이 점을 검증하기 위해서라도 정치대립의 씨앗이 되는 담론을 재검토할 필요가 있다. 복지정치는 사람들의 생활과 직접 관련되는 정치이기 때문에 개혁을 정당화하는 다양한 담론이 표출되게 마련이다. 그리고 제도를 만들거나 개정하기 위해서는 유권자를 이해시켜야만 한다.

일본에서 복지국가를 대신하여 생활보장을 뒷받침해 준 메커니즘과 관련된 담론으로 대표적인 것은 1970년대 말에 등장한 '일본형 복지사회론'이다. 그런데 나중에는 그러한 메커니즘을 해체하는 '구조개혁'이 제창되고, '격차사회'가 회자하게 되었다. 이런 대조적인 담론이 어떻게 해서 크게 모순된다는 인식을 안겨주지 않고 계속해서 나타나 영향력을 발휘할 수 있었던 것일까?

이 책은 이렇게 ①일본의 생활보장제도와 그 변화, ②제도로 인한 사람들의 개별 이익 연대와 대립, ③그와 같은 연대나 대립에 근거를 부여

한 담론에 주목하면서 복지정치의 전개과정을 살펴볼 것이다. 제도, 이익, 담론의 상호연관을 파악하여 거기에서 조성된 긴장관계가 어떻게 제도전환으로 이어졌으며, 현재까지 이르게 되었는지를 생각해 보는 것이 이 책의 주된 내용이다.

이 책에서는 사회보장, 복지, 고용과 관련된 최근의 정치학, 정치경제학의 이론적 흐름에 맞추어 비교정치경제학적인 관점도 포함시켜 논의를 해 나갈 것이다. 에스핑 안데르센 등의 복지레짐론, 데이비드 소스키스 등의 생산레짐론, 비비언 슈미트 등의 담론정치 등, 이 분야에서 정치학, 정치경제학은 다채로운 양상을 보이고 있다. 이러한 이론은 기본적으로는 서구에서 정립된 것이기 때문에 일본이나 동아시아 분석에는 잘 들어맞지 않는다는 비판도 있다. 물론 기계적으로 적용하는 것은 별개이겠지만 중요한 것은 이론을 창조적으로 활용하는 것이다(武川, 2007).

● 이 책의 구성

제1장과 제2장에서는 최근 복지정치론 논의를 정리하고, 전후의 일본 복지정치 분석을 위한 틀을 제시할 것이다. 먼저, 제1장에서는 생활보장 제도체계를 분석하기 위한 이론(앞에서 언급한 ①과 관련된 이론)에 대해서 설명할 것이다. 여기서는 복지레짐론과 생산레짐론 논의를 살펴보고, 그것을 어떻게 분석에 활용할 지를 설명할 것이다.

제2장에서는 제도의 전개 방향에 영향을 주는 정치대립과 담론을 고찰하기 위한 이론(앞에서 언급한 ②와 ③과 관련된 이론)에 대해서 정리할 것이다. 복지정치를 이익정치와 담론정치라는 두 차원으로 나누어, 각각의 이론 전개과정을 살펴보고, 복지정치를 분석하기 위한 틀을 모색할 것이다. 여기서 초점은 일본의 복지정치와 고용의 제도전환이 어떻게 진행되었는 가이다. 그런데 명백한 제도 개정이나 폐지는 오히려 예외적이어서 제도전환은 좀처럼 파악하기가 쉽지 않다. 여기서는 제도전환에

대한 몇 가지 분석모델을 함께 검토할 것이다.

제3장 이하에서는 이상의 이론적 틀에 근거하여 전후 일본의 복지정치 전개를 세 시기로 구분하여 살펴볼 것이다. 각 시기마다 우선 어떠한 담론이 표출되었었는지를 살펴보고, 그러한 담론을 토대로 하여 추진되었던 정치대립이 복지·고용레짐을 어떻게 변화시켰는지를 검토할 것이다.

제3장은 1960년대에서 70년대 일본형 복지·고용레짐 형성기를 다룰 것이다. 사실은 일본에서도 1950년대에는 보수당 내에서 복지국가 담론이 힘을 얻었던 적이 있었다. 이것이 전국민건강보험제도와 전국민연금제도가 변형적이기는 했지만 실현된 배경이었다. 그러나 격차 해소에 중점을 둘 것인가, 개발을 통한 파이 확대를 중시할 것인가 라는 논쟁 과정에서 점차로 후자의 노선이 우세해졌다.

그런데 파이 확대를 지향하는 개발노선은 오히려 지방의 자민당 지지기반을 공동화(空洞化)시키는 결과를 가져왔다. 이러한 위기에 직면한 집권당은 경제개발을 촉진하는 제도를 전용하여 '토건국가'와 중소기업 보호 등 저생산성 부문 고용창출로 대응했다. 이러한 제도가 동시기에 정립되었던 민간 대기업의 일본적 경영 구조와 긴장관계를 내포하면서도 상호 연대하여 생활보장 기반을 형성했다. 그리고 고용을 통한 생활보장을 전제로 하면서, 그것으로도 대처할 수 없는 퇴직 후 연금생활과 의료에 초점을 맞추어 '복지 원년'이라 불리는 사회보장 확대가 추진되었다.

이처럼 직역별로 나누어진 고용보장과 직역별로 나누어진 사회보장 제도가 조합하여 '분립된 생활보장'이라고도 할 수 있는 구조가 형성되었다. 이런 독립적으로 구축된 참호와 같은 제도 속에서는 사람들의 상호 연대와 재배분 관계를 파악하기란 무척 어려우며, 상호 불신이 쌓이고, 이권이 증식되기 마련이다.

이런 문제는 1980년대 복지정치에서 선명하게 등장한다. 이 시기 '일본형 복지사회론'이 대두하는 가운데 복지레짐은 축소되었지만 고용레짐은 기본적으로 유지되었다. 그러나 고용레짐 내에서도 이익대립이 현재화되고 있었다. 정부 산업정책으로부터 점차 자립하게 된 대기업 노사와 고용레짐 제도로 직접적인 보호를 받는 자영업, 건설업, 제1차 산업 사이에 대립이 발생했다.

집권당은 한편으로는 이러한 대립과 상호불신을 이용하면서(경우에 따라서는 부추기면서), 행정개혁과 세제개혁을 추진했다. 그런데 이 시기 실제로는 지방에 대한 이익유도는 폐기되지 않았으며, 도시 신중간층이 눈치채지 못하도록 하면서 유지되었다. 그것이 바로 지방단독사업제도를 활용한 공공사업과 재정 투융자이었다.

그러나 결국에는 1980년대 복지정치에 의해서 그동안 외부 시선으로부터 차단되어 왔던 이익유도제도가 이권을 확대시켜서 보이지 않는 적자를 팽창시킨다는 사실이 드러나게 된다. 제5장에서는 그 결과 '정치개혁', '구조개혁'을 요구하는 담론이 동시에 부상한 1990년대 후반 이후 복지정치를 다룰 것이다.

이 시기에는 '구조개혁' 담론을 배경으로 하여 고용레짐이 해체되어 갔다. 복지레짐에 있어서도 연금, 의료 등을 중심으로 더 많은 삭감이 진행되었다. 다른 한편으로는 그때까지 복지레짐의 역할이 매우 한정되었음을 지적하며 복지레짐의 보편주의적인 재편을 촉구하는 흐름도 나타났다.

그러면 결과적으로 일본의 복지·고용레짐은 어디를 향해 가고 있는 것일까? 마지막으로 종장에서는 일본의 복지정치가 '분립된 생활보장'을 전제로 한 분열의 정치가 강화됐음을 확인하고, 분열의 정치를 초월한 복지정치의 미래를 전망할 것이다. 그 실마리를 찾기 위해서 가족의 형태와 일하는 형태 등 생활형태 그 자체와 관련한 쟁점이 확산되고 있다는 점에 주목하고자 한다. 정형화된 생활형태를 전제로 한 재분배 정치에 더하여 다양한 생활형태와 관련된 상호승인의 정치, 즉 생활정치가 복지정치에서 차지하는 비중이 늘어나고 있다. 이 책은 마지막으로 이런 흐름이 복지정치의 형태와 복지레짐, 고용레짐의 미래에 어떠한 영향을 줄 것인가에 대해서도 생각해 보고자 한다.

제1장

복지레짐과 고용레짐

선진공업국의 정부는 다양한 정책과 제도를 통해서 생활에 대한 비전을 제시할 수 있어야 한다. 한편으로는 일이 있고, 계속 직업을 가질 수 있고, 일정의 수입이 기대되어야 할 것이다. 그러기 위해서는 고용창출, 해고규제, 그리고 최저임금 보장 등이 중요하다. 또 한편으로는 실업, 산업재해, 질병 때문에 일을 중단할 수밖에 없는 사람들에 대해서는 소득을 보장해 줄 필요가 있다. 각종 사회보험과 공적부조 등이 이러한 기능을 한다. 결국, 생활보장을 위해서는 고용과 관련된 제도와 사회보장이나 복지제도와의 연대가 필요하다. 물론 어떤 정책을, 어느 수준까지 운용할 것인가는 각국의 복지정치에 좌우된다.

1. 왜 복지레짐인가

● 복지레짐론의 전개

생활보장 중에서 사회보장이나 복지제도의 체계를 이 책에서는 복지레짐이라고 표현한다. 복지레짐, 고용레짐이라는 식으로 자주 사용되는 '레짐'이라는 용어가 일부 독자들에게는 그리 익숙하지 않을 수도 있을 것이다. 레짐이란, 일반적으로 체제 등으로 번역되는 경우가 많지만, 체제라고 해도(자본주의체제 혹은 사회주의체제 등과 같은) 고위 수준의 시스템 보다는 작은 중위 수준의 체제라고 할 수 있는데, 개개의 정권이나 내각 등보다는 훨씬 일관성을 가진 것이다. 그것은 복수의 사회경제적 세력 간의 연대를 배경으로 한, 각국 정치경제의 지속적인 존재형태이다(Pempel, 1998: 20).

복지레짐이란, 사회보장이나 복지서비스와 관련한 몇 개 제도가 조합되어, 총체적으로 어떤 특질을 갖게 된 체제라는 의미이다. 통상 복지레짐은, 공적인 사회보장제도, 즉 사회보험, 공적부조, 사회수당과 공공서비스 제도가 사적보험, 기업복지, 민간서비스 등의 시장적 제도, 가족이나 지역사회 등의 공동체적 제도와 조합하여 형성된다. 덧붙이자면 복지레짐이라고 할 때의 복지는 폭넓게 사회보장, 복지서비스 전반을 가리킨다. 복지국가나 사회보장제도라고 말하지 않고 복지레짐이라는 용어를 사용하는 이유는 공적 복지에 대한 서술이 중심이라 할지라도 공적인 제도와 사적 제도나 가족의 역할과의 관계를 중시하기 때문이다.

복지레짐에는 몇 가지 유형이 있다. 덴마크 출신의 사회정책학자 에스핑 안데르센이 복지레짐을 북유럽 국가들의 사회민주주의 레짐, 독일, 프랑스, 이탈리아 등 대륙 유럽의 보수주의 레짐, 미국, 영국, 오스트레일리아 등 앵글로 색슨 국가들을 중심으로 한 자유주의 레짐으로 구분한 것은 잘 알려져 있다(Esping-Andersen, 1990). <표 1>은 각국의 정치적 특성과 노동조합 조직률, 여성의 노동력 비율을 복지레짐이라는 관점에서 정리한 것이다. 그리고 <표2>는 각국 재정지출의 특성과 평등화 정도를 레짐별로 구분한 것이다.

스웨덴과 같은 사회민주주의 레짐은 <표 1>에서도 명확하게 드러나는 것처럼 강력한 노동운동이나 사회민주주의 정당이 주도하는 가운데 형성된 체제이며, 공적인 복지를 중심으로 한 레짐이다. 사회적 지출(사회보장 · 복지관련 지출)의 규모가 크고, 사회보장은 일반 시민이 생애주기를 통해서 당면하게 될 위험에 대해서 폭넓게 대응하는 레짐이다. 즉, 사회보장이나 복지를 일부 가난한 자만을 위한 특별한 것으로 여기는 것이 아니라 모든 시민이 인생의 절목 절목에서 당연하게 이용하는 것으로 받아들인다. 이러한 사고방식을 일반적으로 보편주의(Universalism)라고 말한다. 따라서 빈곤층만을 대상으로 하여 수급조건에 소득제한을 두거나 재산조사를 하거나 하는 프로그램의 비율은 낮다. 한편 지니계수(소득격차를 나타내는 수치. 1에 가까울수록 격차가 크

〈표 1〉 각 복지 레짐의 정치적 특성과 노동시장(1980년 경)

	좌파 정당 집권 기간	기독교 민주주의 정당 집권 기간	노동조합 조직률	여성 노동력 비율	코포라티즘 지표	소수파의 법안 저지 가능성
자유주의 레짐						
미국	0	0	25	60	1	7
영국	16	0	48	58	2	2
오스트레일리아	7	0	51	53	1	4
뉴질랜드	10	0	59	45	1	n.a.
캐나다	0	0	31	57	1	4
사회민주주의 레짐						
스웨덴	30	0	82	74	4	0
노르웨이	28	1	59	62	4	0
덴마크	25	0	70	71	3	0
핀란드	14	0	73	70	3	1
보수주의 레짐						
독일	11	16	40	51	3	4
프랑스	3	4	28	54	2	2
오스트리아	20	15	66	49	4	1
네덜란드	8	22	38	35	4	1
벨기에	14	19	72	47	3	1
이탈리아	3	30	51	39	2	1
일본	0	0	31	54	n.a.	2

〈출처〉 좌파 정당, 기독교 민주주의 정당의 집권 기간, 노동조합조직률, 여성노동력 비율은 Huber and Stephens(1998)에 의거 하였다. 1946년부터 1980년까지의 좌파 정당, 기독교 민주주의 정당의 정권 참가는, 단독 정권의 경우를 각 연별로 1로 하고, 연립정권의 경우에는 의석수에 따라서 조정한 수치를 가산하였다. 코포라티즘 지표는 Lehmbruch(1984)에 의거하였다. 소수파의 법안 저지 가능성은 Huber, Ragin, and Stephens(1993)에 의거하였다. 연방제(비연방제0, 약한 연방제1, 강한 연방제2), 대통령제(대통령제1, 비대통령제0), 선거제도(비례대표제1, 수정 비례대표제1, 소선구제2), 이원제(일원제 혹은 매우 약한 제2원0, 약한 제2원1, 강한 제2원2), 레퍼랜덤(referendum)(행해지지 않거나 극히 드물다1, 자주 있다2)을 고려하여 정치과정에서 소수파가 반대하는 이슈를 저지할 수 있는 가능성을 지표화 했다.

〈표 2〉 각 복지 레짐의 지출구조와 평등화 지표(1992년 경)

	사회적 지출 (%)	공적 부조 지출(%)	적극적 노동 시장 정책 지출(%)	지니계수 (1990년대 중반)	상대적 빈곤율 (1990년대 중반)
자유주의 레짐					
미국	15.2	3.7	0.2	0.361	16.7
영국	23.1	4.1	0.6	0.312	10.9
오스트레일리아	16.3	6.8	0.7	0.305	9.3
뉴질랜드	22.2	13	1.1	0.331	7.8
캐나다	21.8	2.5	0.6	0.283	9.5
사회민주주의 레짐					
스웨덴	35.3	1.5	2.9	0.211	3.7
노르웨이	26.8	0.9	1	0.256	8
덴마크	30.7	1.4	1.7	0.213	3.8
핀란드	33.9	0.4	1.7	0.228	4.9
보수주의레짐					
독일	26.4	2	1.9	0.280	9.1
프랑스	28	2	1	0.278	7.5
오스트리아	25	1.2	0.3	0.238	7.4
네덜란드	28.3	2.2	1.3	0.255	6.3
벨기에	28.4	0.7	1.2	n.a.	n.a.
이탈리아	24.3	3.3	0.2	0.348	14.2
일본	11.8	0.3	0.3	0.295	13.7

〈출처〉 사회적 지출, 적극적 노동시장 정책 지출은 OECD Social Expenditure Database, 공적 부조 지출은 Eardley et al., 1996: 35에 따름. 지니계수 및 상대적 빈곤율은 OECD, Society at Glance: ECD Social Indicators: Raw Date(http://www.oecd.org/dataoecd/34/11/34542691.xls).

다.)나 상대적 빈곤율은 억제된다(<표2>).

다음으로, 미국과 같은 자유주의 레짐은 정치적으로는 <표1>에서 알수 있는 것처럼 노동운동이나 기독교 민주주의 혹은 보수주의 영향력이약한 가운데 형성된 체제로, 시장원리의 영향력이 강하다. 사회보장제도 전체에서 기업복지나 민간기업이 제공하는 사회서비스 등 사적 제도가 차지하는 비중이 높다. 공적인 사회보장 규모는 한정적이며, 빈곤층을 구제하기 위해서 소득제한을 설정하여 지급하는 공적부조 등의 비중이 높다. 그럼에도, 전체적인 사회보장 규모가 억제되기 때문에 지니계수 등에서 나타나는 격차는 크다. 이 점은 <표2>에서도 확인할 수 있다.

마지막으로 독일과 같은 보수주의 레짐은 기독교 민주주의 세력의 영향력이 강한 제도체계로, 직역이나 가족을 기축으로 한 레짐이다. 즉, 사회보험에 대해서는 국가공무원 공제나 산업분야별로 노사가 협약하여맺는 연금, 건강보험 등 직역별로 나뉜 복수의 제도가 운용되고 있다. 또한 가입된 남성의 소득을 안정시키고 가족주의를 통해서 가족구성원에게 그 수입이 이전되는 구조이다. <표1>에서 보수주의 레짐은 평균적으로 여성노동력 비율이 낮음을 엿볼 수 있다.

에스핑 안데르센의 복지레짐 유형론은 복지국가를 둘러싼 논의에 중요한 영향을 끼쳤다. 그때까지 복지국가를 논할 때는 복지를 빈부 격차해소에 크게 기여하는 것이라고 적극적으로 평가를 하는 이들이 있는 반면에 시장경제의 모순을 근본적으로 해결하지 못한다며 비판하는 이들도 많았다(宮本, 2003).

이처럼 복지국가에 대한 평가가 나뉘는 것은, 한 마디로 복지국가라고할지라도 여러 유형의 국가들이 있기 때문이다. 에스핑 안데르센은 레짐을 유형화함으로써 복지국가에 대한 논쟁의 혼란을 해소하는데 기여하였다. 또한, 빈곤이나 실업 등 선진공업국이 동일하게 직면하는 문제들에 대해서도 서로 다른 접근법이 존재한다는 것을 보여 주었다는 점에서도 큰 의미가 있다.

● 일본의 위치 설정

그러면 일본은 이런 유형 중에서 어디에 속하는가. 제도 구조만을 본다면 일본은 연금제도 일원화가 과제로 남아있는 것에서 알 수 있는 것처럼 사회보험이 직역별로 분립되어 있고, 개호나 육아도 가족의 부담이 아직까지 큰 편이다. 그 점에서 본다면 보수주의 레짐과 공통성이 많다. 그런데 사회보장지출은 유럽의 보수주의 레짐, 예를 들어 독일이나 프랑스 등에 비해서 훨씬 적어서 이점에서 본다면 미국 등 자유주의 레짐과 유사하다. 게다가 고용상황은 거품 붕괴 이전까지는 실업률만 보면 사회민주주의 레짐과 어깨를 나란히 할 정도로 양호했다.

일본은 이러한 유형 분류론을 가지고는 배치하기가 매우 어렵다. 그래서 이 유형론에는 근본적인 결함이 있다거나, 혹은 서구에서만 통용되는 유형이라는 비판도 제기되었다. 이 점에 대해서는 다음과 같이 생각할 필요가 있다.

복지국가 유형론은 모든 국가를 정확히 분류할 수 있는 분류 기구가 아니다. 에스핑 안데르센 자신이 언급한 것처럼, 분류의 경계점에 위치하는 사례도 있다. 예를 들어 영국은 이전에는 강력한 노동운동이 존재하여 보편주의적인 의료제도 등을 실현할 수 있었지만, 그 후 자유주의 레짐적인 성격이 강해졌다(Esping-Andersen, 1999: 87). 어떠한 유형론도 완전하지는 않으며, 유형론의 역할은 어떤 한정된 관점에서 각국의 위치관계를 나타내는 좌표축을 제공하는 것이다.

에스핑 안데르센의 레짐 유형은, 시장의 영향력이 큰 자유주의 레짐, 정부의 역할이 크게 작용하는 사회민주주의 레짐, 가족이나 지역집단이 기축이 되는 보수주의 레짐으로 나뉘어 있어 현대 사회를 구성하는 기본 섹터(부문)로부터 출발한 유형이라고 할 수 있다. 그런 점에서 보면 상대적으로 적용가능성이 높은 유형론이다. 한편으로 이 유형은 레짐의 명칭에서 알 수 있는 것처럼 서유럽 복지국가의 역사적 경험에 근거한 유형임에는 틀림이 없다.

특히, 보수주의 레짐의 정의에서는 그런 경향이 강하다. 에스핑 안데르센은 노동력의 상품화가 어느 정도 억제된(사회보장지출이 일정한 규모를 갖는) 것을 보수주의 레짐의 특징으로 보고 있으나 이론적으로는 산업별 노사 등의 직역집단이나 가족의 역할이 크다는 것과 사회보장지출이 확대되는 것과는 별개의 문제이다. 제도형성의 중심 형태로서 기독교 민주주의 세력을 염두에 두고 있다는 점을 포함하여 역시 대륙 유럽의 복지국가 형태를 전제로 하고 있다. 그래서 그것을 그대로 서구 이외의 국가에 적용하려고 하면 무리가 따르기 마련이다.

이런 레짐유형을 발전시켜 일본 사례에 적용할 때에는 다음과 같은 3가지 관점이 필요하다.

첫째, 레짐유형, 특히 보수주의 레짐의 정의에서 서구의 정치적 경험에 구속된 부분을 제거하고, 그때 그때의 분석 목적에 맞게 적용가능성이 높은 형태로 재구성하는 것이다. 예를 들어 오사와 마리(大沢真理)는 보수주의 레짐을 '남성생계부양자형' 유형으로 수정하여 일본을 그 전형으로 제시하였으며, 또한 사회민주주의 레짐을 '양립지원형', 자유주의 레짐을 '시장지향형'으로 재해석했다. 오사와의 시도는 에스핑 안데르센의 유형을 젠더론적인 시점으로 한정하면서도 오히려 적용가능성을 확대한 시도라고 말할 수 있다(大沢, 2007:53~57).

이 책이 새로운 유형론 제기를 목적으로 하고 있지는 않지만, 에스핑 안데르센의 논의와 중복되는 점과 다른 점에 대해서는 밝히고자 한다. 이하에서 '보수주의 레짐'이라 할 경우에는 기독교 민주주의의 주도성이나 사회보장지출 규모 여하에 관계없이 가족과 직역집단이 기축이 된 분립적 사회보장제도를 가리키는 것으로 하고자 한다.

둘째, 일본과 같은 후발형 복지국가를 자리매김하려면 각국을 횡적으로 비교함과 동시에 시간 축을 좀 더 중요시하여 각국이 복지국가를 형성한 시점의 차이를 염두에 둘 필요가 있다. 원래 유럽의 보수주의 레짐에서 분립적인 연금제도와 의료제도가 형성된 이유는 후발자본주의국가가 관료들에 대해서 '은급제도'를 먼저 적용한 후, 나중에 짜깁기식으로 직업별 제도를 증설한데 있었다.

그런데 일본, 라틴아메리카, 동아시아 등의 후발자본주의 국가는 한층 더 이륙시기가 늦다. 예를 들어 일본과 같이 규모 면에서 서구 수준의 복지국가 형성이 1970년대 초까지로 늦추어진 나라는 이제 막 이륙한 복지국가가 석유위기(1973년)에 직면하게 되었다. 그리하여 협의의 복지레짐과 관련된 지출이 곧바로 억제로 전환되었고, 대신에 내수 확대를 명목으로 하여 공공사업지출은 늘어났다(宮本, 1997).

셋째, 일본의 복지레짐에 관해서 앞에서 언급한 전개과정을 이해하기 위해서, 혹은 더욱 폭넓게 다양한 복지레짐의 발전 형태를 이해하기 위해서라도 복지레짐을 이 책에서 말하는 고용레짐과 관련시켜 파악하는 것이 중요하다.

사실은 에스핑 안데르센이 기술한 각국의 복지레짐의 특성은 이미 어느 하나의 고용정책을 전제로 한 것이다. 예를 들어 스웨덴이 사회민주주의 레짐으로서 큰 복지국가를 유지할 수 있었던 것은 적극적인 노동시장정책을 통해서 거의 모든 사람이 일하는 납세자가 되는 조건을 갖추었기 때문이었다.

일본과 같은 후발형 복지레짐도 고용레짐과의 관계에서 볼 때 고유한 특성을 갖고 있다. 일본은 협의의 사회보장정책보다도 경제정책 혹은 개발정책을 통한 파이의 확대를 우선하지 않을 수 없었다. 그리고 1970년대 초에 사회보장지출이 확대되기 시작한 직후에 바로 석유위기를 맞게 되어 지출 확대에 제동이 걸림으로써 사회보장보다도 고용보장을 우선

하는 생활보장 형태가 정착되었다. 결국, 복지·고용레짐의 관계는 그 발전의 타이밍과 깊은 관련이 있다.

2. 고용레짐이란 무엇인가

● 고용레짐 관련 이론

고용레짐에 대해서도 조금 더 상세하게 살펴보기로 하자. 생활보장의 형태는 협의의 복지레짐, 즉, 사회보장과 복지제도만으로 결정되는 것은 아니다. 특히, 고용과 노동시장 관련 제도, 정책이 일자리를 어느 정도까지 뒷받침 해주느냐 하는 점이 사회보장과 복지에 결정적인 영향을 준다. 20세기형 복지국가는 한쪽에서는 고용정책, 경제정책과 다른 한쪽에서는 사회보장정책, 복지정책이 연계되어 성립되었다. 이것이 20세기 고용정책의 이념틀을 구축한 존 메이너드 케인스와 사회보장제도의 모델을 제창한 윌리엄 베버리지의 이름을 조합하여 '케인스 베버리지형 복지국가'라고 칭한 이유이다(富永, 2001).

따라서 에스핑 안데르센도 노동시장 관련 정책의 묶음을 '노동시장레짐'이라고 명명하여 복지레짐과 관계를 문제시했다(Esping-Andersen, 1990). 그러나 그 논의의 핵심은 어느 쪽이냐고 하면 복지레짐의 특질이 노동시장의 형태를 규정한다는 쪽에 있었다. 예를 들어 복지레짐이 제공하는 산재연금제도는 조기퇴직을 장려하여 노동시장을 축소시켰고, 보육서비스는 여성의 노동을 촉진하여 노동시장을 확대시켰다는 식이다. 따라서 반드시 복지레짐과 상호관계를 치밀하게 분석하였다고는 말할 수 없다.

또한, 소스키스 등은 노사관계, 직업훈련제도, 기업 간 관계, 기업통치 등이 상호보완적으로 조합된 실상에 착안하여 그것을 '생산레짐'이라고 불렀다(Hall and Soskice, 2001). 생산레짐은 일반적으로 앵글로색슨 국가들로 대표되는 '자유주의적 시장경제(Liberal Market Economy)'와, 대륙 유럽, 북구, 일본 등의 '조정적 시장경제(Coordinated Market Economy)'로 구별된다. 결국, 생산레짐론의 주요 관심은 노사관계에 초점을 맞춘 자본주의 경제의 유형화였다.

몇몇 생산레짐 관련 연구들은 복지레짐과의 연계를 다루었다(Huber and Stephens, 2001, Ebbinghaus and Manow, 2001). 그러나 기간산업의 노사관계를 대상으로 한 생산레짐론은 복지국가를 구성하는 사람들의 노동실태를 폭넓게 파악하기에는 한계가 있다. 기타야마 도시야(北山俊哉)도 지적한 것처럼 일본의 생산레짐을 설명하기 위해서는 대기업의 장기적 고용 관행과 아울러 소위 '토건국가' 구조를 자리 매김 할 필요가 있다(北山, 2003).

따라서 이 책에서는 대기업의 노사관계뿐만 아니라 중소 영세기업의 고용을 지원하는 보호정책 등의 경제정책도 포함하여 '고용레짐'이라는 용어를 사용하면서 일자리를 지원하는 구조까지를 폭넓게 포착하여 그것이 복지레짐과 갖는 관계를 고려할 것이다. 고용레짐이란 구체적으로는 노사관계와 고용보장제도, 노동시장정책, 경제정책, 산업정책 등이 고용의 유지, 확대와 관련하여 형성되는 연계관계를 말한다.

● **일본과 스웨덴의 고용레짐**

일본과 스웨덴의 고용 및 노동시장 비교는 매우 흥미있는 주제이다. 이 두 나라의 복지레짐은 대조적이라고 할 정도로 서로 다르다. <그림1>에서 알 수 있는 것처럼, 스웨덴은 오랫동안 경제협력개발기구(OECD) 국가 중에서도 가장 큰 복지국가였으며, 사회적 지출이 국내총생산(GDP)에서 차지하는 비율이 2003년의 경우 31%였다. 그에 비해서 일본

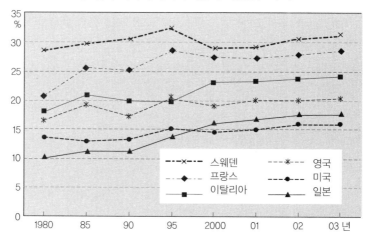

〈그림1〉 각국의 사회적 지출 추이(GDP 비교)

〈출처〉OECD Social Expenditure Database

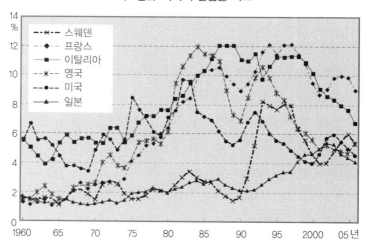

〈그림2〉 각국의 실업률 비교

〈출처〉U.S. Department of Labor, Bureau of Labor Statistics, Comparative Civilian Labor Force Statistics, Ten Countries, 1960~2006(http://www.bls.gov/fls/flscomparelf.htm).

은 일관하여 경제규모에서 보면 불균형적이다 싶을 정도로 작은 복지국가이고, 같은 해의 사회적 지출이 국내총생산에서 차지하는 비율은 고작 17.7%였다. 가족 형태나 여성의 노동시장 지위에서도 큰 차이가 있다. 여성의 평균임금을 남성과 비교해 보면 스웨덴은 88%이지만, 일본은 65%밖에 되지 않는다(2002년 ILO 통계).

<그림2>는 각국별로 기준이 다른 실업률 통계를 미국식으로 수정하여 비교한 것이다. 여기서 일본과 스웨덴의 실업률을 주목해 보면 양국은 선진공업국 가운데서 이례적이라고 할 만큼 실업률이 억제되어 왔음을 알 수 있다. 이런 현상은 특히 1970년대에 들어서 뚜렷해졌다. 그리고 1990년대에 접어들어 스웨덴에서는 급격히, 일본에서는 서서히 실업률이 높아지고 있다는 점도 유사하다. 그런데 여기에서 강조하고 싶은 것은 이러한 낮은 실업률을 달성하기 위해서 양국이 사용한 방법의 차이이다. 고용레짐이라는 용어를 설명하면서 양국이 고용을 확보하기 위해서 채용한 방법을 비교하고자 한다.

<그림3>, <그림4>는 각각 스웨덴과 일본의 고용레짐을 나타낸다. 양쪽 모두 그림의 가로축은 생산성이 다른 다양한 기업 혹은 경영을 나타낸다. 세로축은 기업 혹은 경영의 생산성과 임금을 나타낸다. <그림3>, <그림4>는 생산성과 이윤율이 서로 다른 산업과 기업이 일정 비율로 존재하는, 어느 나라의 생산구조에서나 당연히 존재하는 실상을 보여주고 있다.

여기서 주의 깊게 살펴볼 것은 이러한 구도를 전제로 하여 일본과 스웨덴이 실업률을 억제하는데 사용한 방법이다. 그러한 정책과 제도의 체계를 이 책에서 말하는 고용레짐이라 할 수 있다. <그림3>은 스웨덴의 고용레짐을 나타내는 데, 우선 임금수준에 주목하고자 한다. 스웨덴의 임금수준은 각 기업의 생산성이나 이윤율과 상관없이 같은 내용의 노동이라면 임금도 동일(동일노동 동일임금)한 연대적 임금정책을 토대로

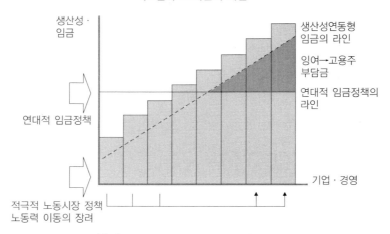

〈그림3〉 스웨덴의 레짐

생산성 · 임금

생산성연동형 임금의 라인

잉여→고용주 부담금

연대적 임금정책의 라인

연대적 임금정책

기업 · 경영

적극적 노동시장 정책 노동력 이동의 장려

〈출처〉 Hedborg and Meidner(1984)의 그림을 보강

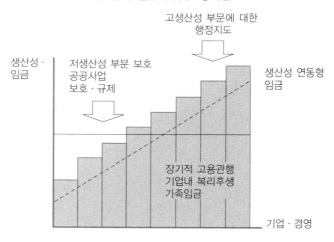

〈그림4〉 일본의 (구)고용레짐

고생산성 부문에 대한 행정지도

생산성 · 임금

저생산성 부분 보호 공공사업 보호 · 규제

생산성 연동형 임금

장기적 고용관행 기업내 복리후생 가족임금

기업 · 경영

〈출처〉 필자 작성

하고 있다. 이러한 임금수준은 높은 조직률을 자랑하는 경영자단체와 노동조합 사이에서 이루어지는 중앙집권적 임금교섭제도를 통해서 결정되었다. 생산성이 높은 기업은 노동 내용이 고도하기 때문에 동일노동 동일임금이라 할지라도 노동비용은 현실적으로는 약간 우상향 되지만, 여기서 그 점은 일단 제쳐놓고, 생산성과 관계없이 가로로 그어진 직선으로 임금수준을 나타내어, 생산성과 연동하는 우상향 임금수준과 대조시키고 있다(宮本, 1999: 120~128).

<그림3>에서 알 수 있는 것처럼 저생산성 부문에 속하는 중소 영세의 경영은 노동비용이 수익을 웃돌아 도산으로 몰리게 된다. 소국인 스웨덴이 국제경쟁에서 살아남으려면 이러한 저생산 부문은 껴안을 수 없다는 판단 하에 정부는 이러한 기업에 대해서 보호조치를 취하지 않는다. 다른 한편으로, 그로 인해 정리된 부문에서 유출된 노동력에 대해서는 노동시장청이 주관하는 적극적 노동시장정책, 즉 공적 직업훈련과 직업소개 서비스를 실시하여 고생산성 부문으로 이동하도록 지원한다(宮本, 1999).

반복하지만 고용레짐이란 고용을 창출하고, 그것이 계속 유지되도록 하는 제도체계이다. 스웨덴의 경우, 임금정책과 적극적 노동시장정책이 연동하여 부문과 직역의 틀을 초월하여 고용조건을 균일화시키면서 노동력 이동을 촉진함으로써 여성도 포함하여 완전고용을 실현했다.

한편, 일본의 고용레짐은 이와 전혀 반대이다. 업계별로 서로 다른 제도와 정책을 펼쳐서 남성생계부양자를 각 기업과 업계가 껴안아 고용을 보장한다. 이것을 스웨덴과 비교해서 그림으로 나타내면 <그림4>와 같이 된다.

고생산성 부문의 대기업은 기업 집단 내부에서 주식의 상호보유나 호송선단방식의 행정지도를 통해서 장기적 관점에 서서 안정적인 경영을 할 수 있었다. 이러한 조건 하에서 대기업은 장기적 고용 관행을 정착시

컸고, 기업 내 복리후생도 갖추었다. 임금은 남성생계부양자의 가족 생활비까지를 포함한 가족 임금적 성격을 띠었다.

다른 한편으로는 일본의 자유민주당은 스웨덴의 사회민주당과는 달리 제1차 산업, 지방의 건설업, 자영업 등의 저생산성 부문에 주요 지지기반을 구축하였다. 따라서 공공사업을 통해 지방의 건설업에 일감을 제공하고, 중소기업을 대상으로 한 금융정책과 보호·규제정책을 통해 영세한 유통업과 자영업의 경영을 안정시키는 방법을 구사하여 저생산성 부문의 수익을 끌어올리고 고용을 유지할 수 있도록 했다.

스웨덴은 저생산성 부문에서 고생산성 부문으로 사람들을 이동시킴으로써 고용을 확보했다. 반면에 일본은 각 부문이 남성생계부양자를 끌어안음으로써 실업을 막았다. 여기서는 이러한 차이가 갖는 정치적 의미를 강조하고자 한다. 스웨덴에서는 고용레짐의 적극적 노동시장정책에 의해서 저생산 부문과 고생산 부문이 상호 연계되었다. 그에 반해서 일본에서는 두 부문은 서로 다른 제도로 분열되어 잠재적인 긴장관계가 형성되었다.

3. 복지레짐과 고용레짐의 연계

앞에서 복지레짐과 고용레짐에 대해서 설명을 했다. 생활보장의 실제 형태는 복지레짐과 고용레짐이 연계하는 가운데 결정된다. 다음에서는 각국에서 복지레짐과 고용레짐이 어떻게 연계되었는지 대략적인 구도를 보여주고자 한다.

자유주의 레짐이 공적부조에 역점을 둔다는 점에 대해서 전술하였는데, 원래 이러한 복지국가는 재원을 빈곤층에게 집중시켰다는 점에서 보면 격차를 시정하는 효과가 나타나야 했다. 그러나 지니계수로 판단해 볼 때 자유주의 레짐에서 격차는 크다(<표2>).

고용레짐과 관계에서 보자면, 예를 들어 전후 미국에서는 1946년에 완전고용법이 의회에서 부결되었다는 점이 상징하듯이 정부는 완전고용에 책임을 지려는 자세를 취하지 않았다(Skocpol, 1995:231~233). 영국에서 고용정책은 경기순환에 수동적으로 대응하는 정도에 머물었으며, 안정된 고용은 달성할 수 없었다(Mishra, 1984:102~103). 특히 1970년대에 들어서 장기 실업층이 증대하여 공적부조의 부하가 높아졌다. 복지 혜택은 받지 못하고 부담만 하는 납세자들은 이에 반발하여 미국과 영국에서 1980년대 초에 자유주의 정권이 탄생한다. 그리하여 사회보장지출 규모는 억제되었고, 수급자격도 엄격해져 작은 정부적인 성격이 강해졌다.

그리고 남성생계부양자가 가입하는 직역별 사회보험을 주축으로 하는 독일 등의 보수주의 레짐에서는 고용주가 노동비용이 높기 때문에 고용 확대에 신중해졌고, 조기퇴직을 장려하기도 했다. 반대로 노동자는 사회보장의 권리를 유지하기 위해서 동일한 직장에 계속해서 머무르는 경향을 보였고, 산업구조 전환과 노동시장 수급 격차에 대응하는 적극적인 노동시장은 발전되지 않았다. 이로 인해 노동시장이 전체적으로 축소되어 실업률이 높은 수준에 머무르는 결과를 가져왔다.

스웨덴과 일본은 동일하게 고용레짐 차원의 생활보장에 주된 관심을 기울인 국가이었다. 다만, 앞에서 살펴본 것처럼 그 방법은 상호 대조적이었다. 그것과도 관련이 있지만 스웨덴과 일본은 고용레짐과 복지레짐의 관계에 있어서도 많이 다르다.

스웨덴에서는 고용레짐에서 실현한 높은 고용률을 전제로 하여 폭넓은 과세 기반을 확보하여 복지레짐을 확대시켰다. 실업률이 낮다는 것은 대부분의 사람이 수입이 있다는 것을 의미한다. 따라서 복지레짐의 역할은 미국이나 영국과는 달리 기본적인 경제능력이 있는 이들이 겪는 생활

위험에 대처하는 것이었다. 그것은 최저소득보장이 아니라 현재 소득을 보장하는 소득비례형 사회보험이며, 보육, 개호, 직업훈련, 생애교육 등의 영역에서 이루어지는 보편주의적 공공서비스이다.

의외라고 생각할지도 모르겠지만, 스웨덴에서는 이러한 큰 복지레짐이 고용레짐으로 피드백되어 사람들의 노동의식을 높여 준다. 보험료를 노사가 절반씩 부담한다면 노동자에게 있어서 소득비례형 사회보험은 보험료 갹출이라는 부담 증가를 의미할 것이다. 그런데 스웨덴에서는 대부분 고용주가 사회 보험료를 부담한다. <그림3>에서 짙게 표시된 부분이 나타내는 것처럼 연대적 임금정책은 생산성 연동형 임금과 비교해 볼 때 고생산성 부문의 고용주에게 더 많은 잉여를 가져다주는 구조라고 할 수 있다. 여기서 일련의 사회보험을 기본적으로 고용주의 보험료 갹출만으로 운영할 수 있는 조건이 만들어졌다. 따라서 피용자 입장에서 소득비례형의 급여는 자기 소득이 증대하면 할수록 그만큼 사회보험 급여도 증대하게 됨을 의미한다. 결국, 사회보장의 급여 형태가 노동의욕도 높이는 기능을 하고 있으며, 이것은 사회보장제도에 대한 중간층의 지지로 이어졌다.

스웨덴에서는 유동적인 노동시장에서 고용을 보장해주는 고용레짐이 큰 복지레짐과 연계된다. 이와 대조적으로 일본에서는 개별 기업별 혹은 직역별로 남성생계부양자의 고용을 보장하는 고용레짐과 가족주의가 복지레짐의 기능을 일부 대체하여 작은 복지레짐과 연계되었다. 다음은 이런 연계의 내용을 조금 더 상세하게 살펴보고자 한다.

4. 일본의 복지 · 고용레짐

이미 필자를 포함하여 몇 명의 논자들이 주장해 온 것처럼 일본에서는

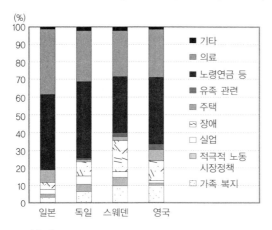

〈그림5〉 각국의 사회보장지출 내역(2001년 / OECD)

〈출처〉 OECD Social Expenditure Database

고용레짐의 고용보장이 복지레짐의 일부 기능을 대체하고 있다(三浦, 2003;広井, 1999; 埋橋, 1997; 宮本, 1997). 이러한 경향은 1970년대 중반부터 뚜렷해졌는데, 이렇게 고용레짐과 연계되었기 때문에 일본의 복지레짐은 다음과 같은 특질을 갖게 되었다.

첫째, 연금과 건강보험 등이 공무원, 대기업, 자영업이라는 직역별로 나뉜 형태가 되었다는 점이다. 이것은 고용레짐에서 기업 혹은 직역별로 남성생계부양자를 끌어안는 구조가 형성된 것과 대응된다. 고용보장과 사회보장의 대응관계는 나아가 후생연금기금과 같은 공적연금의 기업연금화를 통해서도 보강되었다. 그 결과 일본에서는 기업, 업계를 단위로 하여 고용보장이 이루어졌고, 이것을 사회보장이 보완하는 '분립된 사회보장'이라 할 수 있는 구조가 형성되었던 것이다. 연금 등의 '일원화'는 현재까지도 과제로 남아 있다.

둘째, 복지레짐의 규모가 작았다. 일본에서는 생활보장의 주축이 고용레짐에 놓여 있었기 때문에 사회보장지출은 억제되었다. 고용보장은 남

<표3> 각국의 지니계수와 재분배율

	재분배 전	재분배 후	재분배율
독일(1994년)	0.436	0.282	35.3
미국(1995년)	0.454	0.344	24.5
스웨덴(1995년)	0.487	0.23	52.9
일본(1994년)	0.34	0.265	22

〈출처〉 Burniaux et al. (1998).

성생계부양자를 대상으로 하고 있었고, 특히 대기업에서는 임금이 가족의 생활비도 포함한 가족 임금이라는 성격이 강해져서 고용레짐이 가족주의를 뒷받침하게 되었다. 이는 독일이나 프랑스에서 큰 복지레짐 내의 가족수당이 가족주의를 지탱하는 예와는 대조적이다. 또한, 개호나 보육 등의 공공서비스도 최근 개호보험(介護保險: 노후에 재택 요양 등의 복지서비스를 받을 수 있는 사회보험) 등이 실시되기 전까지는 확대되지 않았다.

셋째, 사회보장지출이 인생 후반의 보장, 즉 연금, 고령자의료, 유족관련의 지출에 편중되었다. <그림5>는 OECD 비용 분류에 따라서 각국의 사회보장지출 내역을 나타낸 것인데, 일본에서는 유족관련, 연금, 그리고 고령자 의료가 40% 가깝게 점하고 있는 의료와 인생 후반부와 관련된 지출이 대부분을 차지함을 알 수 있다. 일본에서 65세 이상 고령자에 대한 지출을 1인당으로 환산해보면 65세 미만에 대한 지출보다 17배나 많으며, OECD 평균의 배나 된다(OECD, 2006).

생활보장 중에서 고용보장의 비중이 높고, 인생 전반부에 대해서는 회사와 가족이 모든 위험에 대응하는 구조였기 때문에 협의의 사회보장은 회사를 퇴직하여 가족의 대응력도 약해지는 인생 후반부에 집중하게 되었던 것이다. 그러나 이러한 구조는 만일 회사와 가족이 흔들리게 되면 젊은 사람들을 보호해주는 안전망이 약하기 때문에 저소득 위험이 그들에게 집중될 수 있음을 의미한다(広井, 2006; 宮本, 2006c).

이상과 같은 구조 아래서 만들어진 '분립된 생활보장'은 각각의 '분립' 된 영역 내에서 우선은 고용을 제공하여 생활보장이 이루어지도록 한다. <표3>이 명확히 드러내주고 있는 것처럼 일본의 복지레짐이 작다는 것은 작은 재분배율로 알 수 있다. 그럼에도 불구하고 지니계수가 1차 소 득 단계에서 일정 정도로 억제될 수 있었던 것은 고용레짐 차원에서 수 평적으로 나뉜 틀 내에서 고용보장이 수직적 격차를 억제한 결과라고 말 할 수 있다.

그러나 '분립된 생활보장' 구조에는 많은 문제점이 도사리고 있다. 원 래 고용보장은 노동법제로 정해진 영역을 제외하고는 권리로서 확립된 것은 아니었다. 공공사업의 대상 설정 등은 행정 재량, 족의원의 이익유 도, 회사의 고용 관행 등에 강하게 의존하였다. 여기서 상당히 많은 자의 적인 결정이 이루어졌고, 그 때문에 중소기업의 경영이 위협받거나 대기 업에서도 인원이 정리되거나 하는 사례가 심심치 않게 나타났다(野村, 1998).

결국, 업계, 회사, 가족 내에서 그 질서에 따르는 것을 전제로 하여 제 공된 생활보장은 권력적인 성격도 동반하는 것이었다. 게다가 업계, 회 사, 가족 밖으로 나가기 위한 직업훈련, 생애교육, 개호·육아 서비스나 이직하거나 결혼할 경우의 소득보장은 충분하지 않았다. 그래서 업계, 회사, 가족은 그 속에서 편안함을 느끼고 능력 발휘가 가능한 사람들에 게는 매력적인 공동체이었으나, 그렇지 못한 사람들에게는 속박으로 여 겨지기도 했다. 일본의 '분립된 생활보장'은 한편으로는 '복지보다는 고 용'이라는 사고방식을 일찍이 취해왔으나 다른 각도에서 보면 소위 '갇 힌 사회'를 만들어 내었다.

제2장

복지정치를
어떻게 볼 것인가?

1. 복지정치의 여러 차원

● 이익정치와 담론정치

1장에서는 생활보장의 제도체계를 어떻게 이해할 것인가에 대해서 서술하였다. 2장에서는 그러한 제도체계를 염두에 두면서 그것을 전환시키는 복지정치를 어떻게 분석할 것인지를 생각해 보고자 한다.

복지정치에는 크게 두 차원이 있다. 제1차원은 이익정치로서의 복지정치이다. 즉, 어떤 정책이나 제도에 대한 추진, 철회, 수정을 요구하는 압력이 나타나고 이익집단, 정당, 관료제 등의 상호교섭이 진행되는 과정이다. 사회보장정책과 고용정책은 때때로 각 집단이나 계층의 절실한 이익과 관련되기 때문에 압력활동은 치열해 진다. 정책과 제도에 대한 상호 간의 이해가 대립될 경우에는 더욱 그런 경향이 심해진다. 복지정치는 무엇보다도 사람들의 개별 이익이 조직되고 동원되는 과정으로 볼 수 있다. 그렇지만 생활보장제도에 대한 사람들의 개별 이익은 사실 그렇게 명백하지는 않다. 사회보장과 고용 관련 정책과 제도는 복잡하다. 연금 및 건강보험과 관련된 개혁이 직접적으로, 혹은 경제성장과 사회안정에 미치는 효과를 통해서 간접적으로 자신과 가족의 생활에 어떠한 영향을 주는지를 여러 변수를 고려하면서 판단하기란 때로는 어려운 일이다.

게다가 다양한 정치적인 조작과 활동으로 인해 정책과 제도의 형성과정에서 표명된 사람들의 이익과 견해가 조작되거나 이미 사전에 여과된 결과일 수도 있다. 사람들이 자신들에게 이익이 될 것이라고 판단하는 그 기준 자체가 정치적인 조작과 담론에 의해서 만들어진 것일지도 모른다. 따라서 복지정치의 제2차원으로서 누가 어떤 담론과 아이디어를 가지고 사람들을 어떤 식으로 유도하는지를 고찰할 필요가 있다. 이것이 담론정치로서 복지정치이다. 이러한 과정을 정책과 제도의 형성과정 (즉, 제1차원)의 일부로 볼 수도 있겠지만, 그것은 신문보도 등에서는 잘 드러나지 않으며 수면 하에서 이루어지는 다양한 활동과 여론형성의 과정을 포함시켜야 한다. 이런 이유 때문에 담론정치의 과정을 제1차원과 구별하는 것이다.

● 담론정치의 두 레벨

그런데 담론정치는 다시 두 레벨로 나누어 생각해 볼 수 있다. 정치가나 관료는 어떤 정책이나 제도와 사람들의 개별 이익 사이의 관계를 자신들의 입장에 유리하도록 설명하는 경우가 있다. 예를 들어 제도개혁의 효과를 설명하면서 부담이 늘어나지 않는 것처럼 설명하여 쟁점화를 회피하거나, 분쟁의 소지를 줄이려고 하기도 한다. 누가 결정을 한 것인지 책임 주체를 애매하게 만드는 수법도 사용된다. 즉, 여러 법안을 일괄적으로 제출하거나, 법률의 시행 시기를 늦추거나, 심의회 보고서를 전면에 내세우거나 하는 방법이 활용된다. 뒤에서 다시 서술하겠지만 이것을 '비난회피의 정치(Politics of Blame Avoidance)'라고 하여 설명하는 이들도 있다(Weaver, 1986). 한편, 쟁점화 그 자체를 방지하려는 수법도 있다. 예를 들어 어떤 사회보험제도의 재원이 고갈되어 가고 있음을 알고도 그 사회보험제도를 폐지하여 민영화하려는 속셈으로 일부러 방치하는 경우가 있다(Hacker, 2005). 이러한 정치 수법을 '비결정'이라고 부른다. 바꾸어 말하면 '비결정'이란 그 자체가 정치적 결정이기도 하다(Bachrach and Baratz, 1963).

'비난회피의 정치'와 '비결정'이란 사람들이 이익을 어느 정도 자각하고 있음을 전제로 한 정치적 조작이다. 그래서 추진하려는 정책이 그 이익에 합치되거나 적어도 영향을 주지 않는 것처럼 보이게 하거나, 사람들의 이익과 관련된 쟁점을 의도적으로 정치적 담론에서 제외시키는 일이 벌어진다. 이것을 담론정치의 제1레벨이라고 할 수 있다. 한편, 담론 정치에는 사람들의 이익에 대한 생각 그 자체에 영향을 주는 제2레벨이 있다.

생활보장의 제도에 관한 어떤 새로운 아이디어나 담론이 나타나 사람들이 어떤 제도가 자신들의 생활에 더 적절한지에 대한 생각을 바꾸는 경우도 있다. 예를 들어 '구조개혁'이나 '격차사회'에 관한 담론이 대중매체를 통해서 반복됨으로 해서 서로 전혀 다른 방향이기는 하지만 적지 않은 사람들이 자신의 이익에 대한 생각을 바꾸었다.

작은 정부가 된다면 그로 인해 생활이 불안정해질 수도 있는 사람들이 '구조개혁' 담론의 영향을 받아 그것을 자신들에게 이익이 되는 것으로 오해하게 되었다고 한다면 거기에 권력 행사가 작용했다고 보아야 할 것이다. 그럼에도 불구하고 이 경우에 사람들이 개혁을 지지하는 이상 그런 권력행사는 밖에서는 감지할 수 없게 된다. 이러한 권력의 형태를, 정책과정에서 저항을 배제시키면서 명확하게 행사되는 '1차원 권력'이나, 정치적 조작의 흔적이 남는 '비결정형'의 '2차원 권력'과 구분하여 '3차원 권력'이라 하는 경우도 있다(Lukes, 2005).

'3차원 권력'을 논하려면 사람들이 표명한 선호나 이익이 아닌 '진정한 이익'을 증명해야만 되는데 그것은 매우 어려운 일이다. 사람들이 표명한 정치적 지지가 그러한 이익과 일치하지 않는 것처럼 보일지라도 그것은 어떤 신념이나 이런저런 계산이 작용한 결과일 수도 있다. 사람들을 매개로 하는 권력을 파악하기란 근본적으로 장애가 있다(杉田, 2000). 다만, 그것이 얼마만큼 권력적인지 아닌지는 제쳐놓더라도 사람들의 생각에 영향을 주었다는 사실은 확인할 수 있다. 이것이 이 책에서 논하는 담론정치의 제2레벨이다.

원래 복지와 고용에 있어서 자기이익을 확정하기가 어려운 경우가 있으며, 더욱이 레짐의 근본적인 재편이 문제로 대두될 때에는 사람들의 자기이익은 유동적이 된다. 여기에 대중매체의 영향력과 정치가의 정치적 행위가 더해지면 복지정치는 더욱 담론정치의 양상이 두드러진다.

2. 이익동원으로서의 복지정치

● 복지정치의 정책과정

복지정치의 제1차원은 이익의 조직화와 동원이다. 복지정치는 연금 개혁과 세제 개혁 등 재화(財貨)의 이전에 관해서 강제력이 있는 정책 집행이 이루어지고 많은 사람들이 직접적으로 영향을 받는 정치이다 (Lowi, 1979). 그 점에서만 본다면 복지정치의 정치과정은 사람들이 자신들의 이익을 토대로 하여 합리적으로 판단하고 행동하는 정도가 높을 것이라고 예상할 수 있다. 외교교섭에 관한 정치처럼 국민감정이 격렬하게 표출되는 일도 없고, 환경과 관련된 정치와 같이 커다란 문명 전망에 대해서 의문을 던지는 일도 그렇게 많지 않다. 물론 자기이익에 근거한 판단이라고 하더라도 배후에서 '비난회피'나 '비결정'을 위한 담론이 사람들의 판단에 영향을 줄 가능성은 있으며, 자기이익에 대한 사고방식 자체가 인위적으로 유도되는 일조차 있을 수 있다. 이와 같은 이른바 '무대 뒤'도 고려해야 하겠지만, 우선은 '무대 위'에서 일어난 일을 정확하게 파악하는 것이 중요하다. '무대 위'가 없이'무대 뒤'가 있을 수 없기 때문이다.

복지와 고용에 관한 제도나 정책이 제시되면 유권자는 다양한 반응을 보일 것이며, 노동조합, 경영자단체, 여성단체, 고령자단체, 장애인단체, 의료관계자단체, 보험회사의 업계단체 등은 정당이나 관료들과 접촉하여 자신들의 이익을 실현하려고 할 것이다. 정당과 관료제도 또한 자신들이 지향하는 정책을 실현하기 위해서 이런 단체를 활용하려고 할 것이다. 이런 점은 어느 나라의 복지정치에서도 마찬가지일 것이다. 그러나 구체적인 수법이나 교섭과정의 형태는 동일하지 않다. 이익정치의 과정은 다양한 이익집단이 자유롭게 경합하면서 압력활동을 전개하는 다원주의적인 정책과정과 노사를 중심으로 한 포괄적인 이익집단이 정부와 함께 상호조정을 하는 네오 코포라티즘(단체협조주의)적인 정책과정으로 구별된다.

일반적으로는 후자의 형태를 취하는 국가에서는 대립되는 개별 이해가 조정되어 복지국가가 확대된다. 북유럽의 노사협조형 정책과정이 바로 그런 예이다. 예를 들어 스웨덴에서는 조직률이 80%를 넘어서는 노동조합을 포함하여 경영자단체, 보험단체 등이 각종 심의회에 일상적으로 참가하여 정책 방향을 결정해 왔다. 보통은 정면으로 대립하는 입장에 있는 노사가 이러한 네오 코포라티즘형의 제도에서는 타협점을 찾아 앞 장에서 서술한 것처럼 경제효율성도 배려한 스웨덴형 복지국가가 형성되었다.

이에 반해서 다원주의적 정책과정은 다양한 이익집단이 개별적으로 압력활동을 전개하기 때문에 상호 간에 이익을 조정할 기회가 적다. 이것이 사회보장 확대에 어떠한 영향을 주는지는 한마디로 말할 수는 없다. 미국을 예로 들자면, 한편으로는 전미퇴직자협회(AARP)와 같이 구성원이 3,000만 명을 넘어서는 거대수익자집단이 존재하며, 연금제도 등에 대해서 강력한 영향력을 행사하고 있다. 그 때문에 미국은 작은 복지국가(자유주의 레짐)이기는 하지만 중간층의 연금수준 등에 있어서는 비교적 좋은 조건을 갖추고 있다. 그러나 다른 한편으로는 민간보험회사 등이 격렬한 로비(압력활동)를 전개하여 공적 건강보험 도입에 저항하기 때문에 여전히 4,700만 명 이상의 시민이 건강보험에 가입되어 있지 않은 채로 있다.(오바마 대통령은 2010년 3월에 건강보험법개혁안의

의회통과를 이끌어 내었다. 이 법안이 실행되면 미국도 2014년이 되면 건강보험 수혜 대상자 비율이 95%로 높아진다. 이에 따라 무보험자는 2,200만명 정도로 줄어들게 된다.)

복지정치의 제도와 복지국가 확대 사이의 관계에 대해서는 의회정치 형태와의 관련도 지적되고 있다. 소선거구제도와 양당제 등 웨스트민스터형이라고 불리는 의회정치 구조에서는 인내력 있는 합의형성보다도 다수파 형성과 권력균형에 역점이 놓인다. 연방제는 일반적으로 거부권 집단의 힘을 강화시킨다. 이에 반해서 비례대표제나 다당제 등 이익조정이 불가피한 합의 형성형의 정치제도에서는 웨스트민스터형보다 일반적으로 사회보장지출이 확대되는 경향을 보인다. 이 점은 앞 장의 <표 1>에서 확인할 수 있다(Lijphart, 1999, Hall and Soskice, 2001).

● 일본형 정책과정의 변용

일본의 복지정치는 다원주의적인가, 네오 코포라티즘적인가. 일본의 복지정치에 관해서는 1980년대 초 경부터 관료주도형의 정치과정이 전환하여 다원주의적인 성격이 강해지고 있다는 주장이 나오기 시작했다. 무라마쓰 미치오(村松岐夫)는 독자적인 조사를 토대로 1950년대 후반부터 복지관련단체가 서서히 조직되어 자민당을 주요 대상으로 활발한 활동을 전개하기 시작했음을 밝혀냈다. 그리고 이러한 단체는 스스로도 강력한 영향력을 갖고 있다고 인식하고 있음도 밝혀냈다. 그리하여 무라마쓰는 복지정책의 정책과정도 역시 다원주의적이 되었다고 주장했다(村松, 1983).

이런 다원성은 정당과 관료의 관계에도 반영되었다. 특히 사회보장 분야에서 영향력을 갖고 있는 여당 정치가, 즉 후생족이라 불리는 의원은 전문적 지식을 가진 '최강의 족'이라는 말을 들었다(猪口·岩井, 1987: 194). 일본은 관료지배가 강하지만 이 최강의 족의원이 다원적 이익을 집약하여 관료에 대항했기 때문에 복지정치의 다원화가 이루어졌다고 이해되었다. 일본의 경우 복지정치의 다원화는 뒤에서 서술하는 것처럼 1970년대 초 복지압력 증대와 사회보장지출 증대로 이어졌다고 말할 수 있다.

다만, 복지정치에 관여하는 이익집단, 정당, 관료의 상호관계는 복지, 의료, 연금이라는 복지정책의 하위 영역별로 달라지며, 복지국가의 형성기, 삭감기, 재편기에 따라서도 달라진다.

정책분야별로 보면 일본은 의료나 복지서비스 분야에서는 관료의 주도성이 강하다(中野, 1992:74~75). 또한, 시기별로 보면 뒤에서 서술하는 것처럼 1970년대 초 '복지 원년' 전후의 시기에는 여야당 백중상황 아래에서 후생족을 제쳐두고 사회보장 확대를 요구하는 강한 정치적 압력이 존재하였다. 그런데 1980년대의 복지국가 삭감기에 들어서자 제도의 지속성을 중시하는 관료의 주도권이 강해져 건강보험법 개정과 기초연금 도입이 이루어졌다. 이 때에 족의원의 역할은 저하된 것이 아니라 높은 전문성으로 말미암아 관료와 문제의식을 공유하면서 연대하였다(大嶽, 1994: 158).

다원주의적이든 네오 코포라티즘적이든 정책과정은 항상 레짐의 전환으로 이어지는 '정쟁(政爭)과정'으로 발전할 가능성이 있다(山口, 1978: 86~90). 월터 코르피나 에스핑 안데르센 등의 권력자원동원론은 정책과정을 정형화된 정책결정의 반복이 아니라 다양한 정치세력의 정치자원이 동원되어 축적되어 가는 과정으로 보며, 따라서 레짐의 전환으로 이어지는 과정으로 이해한다(Korpi, 1983; Esping-Andersen and Korpi, 1984).

예를 들어 노동운동 등 개별 이익의 조직화와 동원이 제도 변화를 촉진하여, 정책과정이 네오 코포라티즘적인 성격이 강해지면 노동운동의 이익표출은 더욱 힘을 발휘하게 되어 사회민주주의 레짐으로 점점 접근하게 된다. 물론 레짐 전환은 반대로 사회민주주의적 레짐이 자유주의적인 레짐으로 접근할 가능성도 포함한다. 그런데 레짐 전환과 같이 제도의 근본적 전환으로 이어지는 동적인 과정은 복지정치의 또 하나의 차원인 담론정치를 염두에 두면서 살펴볼 필요가 있다.

3. 담론정치로서의 복지정치

● 담론정치와 정치조작

복지정치를 단지 여러 세력이 서로의 이익을 내세우면서 교섭하거나 대결하는 과정으로만 분석하려고 하면 표면적 논의에 그치게 된다. 다양한 담론과 조작에 의해서 사람들이 해당 정책의 영향을 어떻게 판단하게 되었는지, 자기 이익에 대한 생각을 어떻게 형성하게 되었는지에 주의를 기울여야 한다. 즉, 담론정치의 차원에서 분석할 필요가 있다(宮本, 2006a; 近藤, 2007; 西岡, 2007). 담론정치는 특히 복지 · 고용레짐이 사람들에게 충분한 편익을 제공할 수 없게 되거나, 레짐이 크게 전환하지 않을 수 없게 되어서 사람들의 이익이 유동적이 되었을 때에 중요해진다.

특히, 전자의 사례에 동원되는 정치 스타일이 켄트 위버가 말하는 '비난회피의 정치'이다(Pierson, 1994: 19~26; Weaver, 1986). 정치가는 가능하다면 유권자에게 편익을 주고, 그 실적을 재선을 위해서 활용하려 한다. 위버는 이것을 '실적 획득의 정치'라고 부른다. 한편 정치가는 유권자의 개별 이익에 손해를 끼쳐 비난을 받는 일이 없도록 하는 것을 실적 획득 이상으로 중요시한다. 왜냐하면, 유권자는 받은 편익은 쉽게 잊어버릴지라도 박탈당한 기득권에 대한 원한은 쉽게 잊지 않기 때문이다.

국가재정이 압박을 받고 있기 때문에 모든 나라에서 사회보장 비용을 삭감하는 경향이 강해졌다. 즉, 정치가가 두려워하는 사례가 늘고 있으며, 정치가는 유권자의 비난을 회피할 다양한 수법을 동원해야 할 상황에 놓여 있다(Weaver, 1986: 373~382).

위버는 이러한 배경 하에서 전개되는 비난회피의 정치에 대해서 몇 가지 전략을 유형화하였는데, 여기서는 위버의 유형을 보완한 신카와 도시미쓰(新川敏光)의 유형을 소개하고자 한다. 대표적인 비난회피의 방법으로는 비난을 초래할 쟁점을 부상시키지 않는 '안건 제한', 대상(代償)정책의 준비 등 '쟁점의 재 정식화', 정책결정자 및 정책효과의 '가시성 저하', 서로 다른 집단 간의 대립을 부추기는 '희생양의 발견', 그리고 '초당파적 합의형성'이 있다(新川, 2004: 304~305). 폴 피어슨이 말한 바로는 예를 들어 영국에서 연금 삭감이 이루어질 수 있었던 것은 미국에 비해서 제도가 분절화 되어 있고, 수익자가 분열되어 있어서 저항이 적었기 때문이었다. 다른 한편으로 저소득층의 소득보장을 삭감하지 못했던 이유는 삭감 효과를 감추기가 어려웠고 그 대상(代償)을 준비하기도 쉽지 않았기 때문이었다(Pierson, 1994).

한편, 사람들은 자신이 혜택을 받지 못하는 재정지출에 대해서는 반발하기 마련이다. 미국에서 백인 중산층이 1970년대 말부터 흑인 모자세대에 대한 복지지출에 대해서 강하게 반발했던 것이 그 예이다. 이처럼 유권자 가운데 이익의 분열상황이 존재하여 한편의 집단을 위한 정책과 재정지출이 혜택은 받지 못한 채 조세만 부담하는 집단으로부터 비판을 사는 사례를 생각해 볼 수 있다. 그럼에도, 정치적인 이유로 말미암아 재정지출을 막을 수 없을 때는 그러한 정치적 딜레마로부터(잠정적인) 탈출 수단으로서 비난을 받는 지출이나 프로그램을 더욱 알아볼 수 없도록 하려고 할 것이다(Annesley and Gamble, 2004).

일본에서는 1970년대 말부터 도시 신중간층이 자민당 정치가 주도하는 지방에 대한 이익유도와 재정지출에 대해 반발하기 시작하였다. 하지만 자민당은 여전히 지방 표에 높이 의존하고 있었기 때문에 그 후의 고이즈미 정치와 같이 이익유도를 대담하게 삭감할 수 있는 상황도 아니었다. 그리하여 자민당은 도시 신중간층을 향해서 행정개혁과 '작은 정부'를 연출하면서 지방에 대한 이익유도, 특히 공공사업을 지속 혹은 확대하려고 했다. 이 책은 4장에서 이러한 상황을 일본 복지정치의 커다란 전환점으로 보고 논의를 전개해 나갈 것이다.

● 담론정치와 정책전환

담론이나 아이디어의 역할은 단순한 정치조작을 넘어서 사람들에게 자신의 이익에 대한 사고를 형성시키기도 하며, 정책을 근본적으로 전환시키는 역할을 하기도 한다. 특히 담론이나 아이디어가 제도나 정책의 근본적인 재편과 연동하게 되면 사람들이 자신의 이익을 결정하는 데도 쉽게 영향을 미칠 수 있다. 제도가 유동적인 상황에서는 사람들의 이익 자체가 매우 불확정적이기 때문이다(Blyth, 2002).

피터 홀은 아이디어가 정책으로 이어지는 형태를 세 가지로 구분한다(Hall, 1993:281~287). 첫째는 종래의 정책목표, 그리고 정책수법이나 기술은 변동이 없지만 이익 조정에 새로운 아이디어가 활용되는 경우이다. 이 경우에는 정책과정은 소위 점증주의적인 과정, 즉 종래의 조정방법에 따라서 약간의 조정만 이루어진다. 둘째는 정책목표는 크게 바뀌지 않지만 새로운 아이디어에 의해서 목표를 실현하기 위한 수단이나 접근방법이 쇄신되는 경우이다. 이에 비해서 셋째는 정책목표 자체가 패러다임 시프트, 즉 틀 자체가 전환되는 형태이다.

이 셋째 형태에서는 기존의 패러다임 내부에서 해결될 수 없는 문제가 증대하여 제도 내부의 권위관계가 변화하고, 선거 등 외부의 정치적인 압력이나 대중매체가 깊이 관여된다. 홀은 이런 세 번째 형태의 예로서 영국에서 1979년 선거를 정점으로 진행된 경제정책의 패러다임 전환을 들었다. 영국에서는 1970년대 말부터 케인스주의 패러다임이 불황과 물가상승이 동시 진행하는 스태그플레이션을 해소할 효과적인 수단을 마련하지 못하였고, 네오 코포라티즘적인 노사교섭을 통한 소득정책도 효과를 발휘하지 못했다.

이와 같은 상황에서 부상한 통화주의 패러다임은 통화공급 확대에 의한 케인스주의적 경제정책은 무효한 것으로 단죄하면서 시장의 자기조정력을 내세웠다. 이러한 주장은 대중매체나 경제 저널리스트에 의해서 서서히 수용되었고 사람들에게 침투해 들어갔다. 마거릿 대처는 통화주의적 정책 집행을 수월하게 하기 위해서 내각의 경제위원회 위원을 통화주의자 중심으로 구성하였으며, 재무성의 주임경제고문도 동조자를 지명하였다.

일본의 경우 이러한 사례에 해당하는 것으로는 고이즈미 정권 아래에서 정점에 달한 '구조개혁' 담론을 들 수 있다. 일본은 1990년대에 들어서 거품 붕괴로 일본형 시스템 자체에 대한 신용이 실추되었고, 레짐을 재편해야 된다는 분위기가 고조되었다. 그런 시기에 전개된 '구조개혁' 관련 담론이 경제재정자문회의 등 정부 중추에서 발신되었고, 실제로는 시장주의적인 개혁에 의해서 손해를 보게 될 사람들까지도 제도의 발본적인 재편에 대해 높은 기대를 갖게 하여 그들을 동원하는 데 성공하였다.

● 왜 담론과 아이디어가 중요해지는가?

담론이나 아이디어의 역할은 사회보장제도 재편이 이루어지기 시작한 1990년대 후반부터 특히 중요해지고 있다. 왜 담론과 아이디어의 중요성이 높아지는 것일까. 그것에 대한 일반적인 배경은 이미 본 절에서 서술한 바와 같다. 우선, 사회보장제도가 고유한 수익자집단을 만들어내고 있는 상황에서 그것을 삭감을 하기 위해서는 저항을 약화시킬 다양한 담론과 조작이 필요하다. 게다가 더욱 근본적인 제도전환이 쟁점화될 경우에 어떠한 생활보장 형태가 가장 바람직한 것인지가 명백하지 않을 수도 있다. 물론 안정된 직업과 수입이 필요한 것은 분명하다. 그러나 종래형의 제도는 흔들리고 있고, 어떠한 새로운 정책이 그것을 보장해 줄 수 있는지 파악하기가 쉽지 않다. 그런 와중에 '구조개혁론'처럼 개혁의 과실을 기대하게 하는 담론의 형태가 중요해지고 있다.

아울러 세 가지를 더 생각해 볼 수 있다. 첫째로 노동조합이나 수급자단체 등이 이익을 집약하여 정책과정에서 그것을 대표하는 힘이 약해졌다는 점이다. 탈공업화 진전으로 각 정치세력의 지지기반은 유동적이 되었고, 종래의 조직정치나 네오 코포라티즘도 기능부전에 빠졌다. 보수주의 정당은 지금까지 지켜온 전통적 가치나 공동체의 동요에 직면하고 있다. 사회민주주의 정당의 경우에도 제조업 노동자층의 감소와 노동조합의 조직률이 저하에 직면하게 되었다.

이전에는 노동조합이나 업계단체 등에 속해 있으면 개개의 정책에 대해서 소속단체가 구성원의 생활에 어떠한 영향을 끼칠지를 검토하여 조직 차원에서 대응방안을 결정해서 관료나 정치가와 교섭하였다. 그런데 오늘날에는 그와 같은 멤버십은 축소되었고 혹시 형식적으로 조직에 가입해 있더라도 구성원이 조직의 판단을 공유하지 않는 경우도 많다.

둘째로 사회보장이나 고용과 관련된 개별 이익의 다원화이다. 여성, 외국인의 독자적인 이해, 지역별 개별 이익도 알려지게 되었고, 사람들의 아이덴티티는 노동자, 자영업이라고 하는 단일한 카테고리로는 포섭할 수 없게 되었다. 어떤 제도개혁이 남성생계부양자가 다수를 차지하는 노동조합의 이익과 합치한다고 할지라도 여성노동자의 이해와는 합치하지 않는 경우도 있다.

탈공업화 사회에서 진행되는 집단의 변용과 아이덴티티의 다원화로 사람들의 개별 이익의 불확실성은 크게 높아지고 있다. 그리고 그만큼 어떤 개별 이익의 방식을 상정한 조직이나 정당 계열의 방식이 유효성을 잃어버리고 있다.

셋째로 의원내각제 국가를 포함하여 때때로 '대통령제화'라고 불리는 정치 집권화가 진행되고 있다는 점을 들 수 있다. 수상에 의한 위로부터의 지도력은 대중매체를 활용한 담론 정치를 확대시킨다. 일본의 경우에는 '구조개혁'을 기치로 내건 고이즈미 정권이 '대통령제화'의 흐름을 상징적으로 보여주었다고 말할 수 있다(Poguntke and Webb, 2005).

● 담론정치와 정치제도

오늘날, 모든 복지레짐에서 시장주의적인 담론에 기초한 개혁이 진행되고 있는데, 그 성과는 레짐별로 다를 뿐만 아니라 같은 레짐이라 할지라도 선거제도 등의 영향으로 달라진다. 담론정치는 제도의 발본 전환으로 이어질 수 있는 한편, 다른 면에서는 복지제도나 정치제도에 의해서 그 내용이나 스타일의 방향이 결정된다(內山, 1998: 41~48). 비비언 슈미트는 제도와 관련을 고려하여 담론정치에 관한 이론 틀을 제시하였다. 슈미트는 복지국가레짐 유형 모델이나 선거제도의 차이를 고려하여 각국의 담론정치를 비교 분석하고 있다.

슈미트는 담론의 형태를 정치가, 실무가, 전문가 등의 정치적 액터(행위 주체)가 상호 간에 주고받는 '조정적 담론(Coordinative Dissourse)'과 이러한 정치적 액터가 시민이나 유권자를 대상으로 대중매체 등을 매개로 하여 펼치는 '커뮤니케이션적 담론(Communicative Discourse)'으로 구분한다(Schmidt, 2002). 조정적 담론은 대중매체를 통해서 화려하게 제시되는 담론이라기보다는 정치 액터 사이에 인식을 공유하거나 조정하기 위해서 사용되는 담론이다. 이에 반해서 커뮤니케이션적 담론은 최근 일본정치에서 극장정치나 대중매체 정치라고 불리는 현상에 해당한다.

권력이 집권 여당 리더에 집중하는 경향이 있는 소선거구제나 양당제 하에서는 커뮤니케이션적 담론이 대세를 이루는 경향이 있다. 이에 반해서 정치 엘리트 사이에 권력이 분산되는 경향이 있는 비례대표제나 다당제 하에서는 조정적 담론의 역할이 상대적으로 크고, 커뮤니케이션적 담론은 엘리트 간 조정이 실패하여 선거에 의해서 정치 틀을 다시 짜는 경우에 역할이 커진다(Schmidt, 2002: 232~233; Schmidt, 2002).

일본의 복지정치에서 종전에 영향력을 발휘했던 '일본형 복지사회' 관련 담론은 '조정적 담론'의 성격이 강했다. 그 후 커뮤니케이션적 담론이 비대화 되어 고이즈미 정권기에는 '극장정치'란 용어도 등장했다. 고이즈미 수상의 캐릭터도 크게 작용하였지만, 1990년대에 소선거구제도를 도입하고, 양당제로 접근하게 되면서 집권 여당 내부의 파벌 조정 능력이 약해진 반면에 당 대표의 집권적인 지도력이 강해진 것이 배경이라는 견해도 강하다(竹中, 2006). 앞항에서 설명한 대통령제화와 중복되지만 어쨌든 이렇게 해서 조정적 담론에 비해서 커뮤니케이션적 담론의 비중이 높아졌던 것이다.

4. 제도변화를 어떻게 이해할 것인가?

앞 장에서 생활보장을 뒷받침하는 제도에 대해서 살펴보았는데, 본 장에서는 제도 전환을 촉진하는 복지정치의 형태에 대해서 정리하고자 한다. 그런데 제도 전환이란 무엇을 말하는가. 연금제도이든 의료제도이든 사회보장이나 고용 관련 제도는 안정성과 지속성이 요구되며, 아주 특별한 일이 없는 한 일시에 전면적으로 개정되거나 폐지되는 일은 없다. 만약 그러한 일이 시도된다고 한다면 각 제도의 수익자들이 강경하게 저항할 것이다.

그렇다고 제도 전환이 일어나지 않는다는 것은 아니다. 비난을 회피하기 위해서 명백한 제도 개폐는 피한다고 할지라도 실질적인 정부의 관여 축소가 있을 수 있다. 예를 들어 1980년대 일본의 의료제도개혁과 연금개혁에서는 국민건강보험과 국민연금의 재정문제를 다른 조합건강보험과 후생연금으로부터의 갹출과 부담을 통해 해결하려 했다. 반대로 사회보장 삭감이 이루어지고 있는 것처럼 보이지만 고용 확대 등을 통해서 생활보장 수준이 유지되고 있는 경우도 있다.

제도의 명확한 개정이나 폐지, 혹은 치환에 따른 저항을 우려하여 제도 전환은 이처럼 제도의 실질적인 기능 전환이나 전용 등의 형태로 이루어지는 경우가 많다. 이런 사례를 분석하기 위해서 복지정치론에서는 제도 전환의 다양하고 현실적인 과정에 주목하고 있다.

우선 생각할 수 있는 것은 어떤 제도가 그대로 유지되면서도 종래와 다른 목적으로 전용되거나, 다른 제도를 대체하는 경우이다. 캐슬린 셀렌은 이러한 전략을 '제도 전용(Conversion)'이라고 부른다. 하나의 제도에 하나의 고정된 기능이 있으며, 특정 지지층이 존재한다는 견해는 수정할 필요가 있다. 셀렌은 독일의 직업훈련제도가 원래는 19세기 말에 사회민주주의적 노동운동에 대항하여 숙련공을 육성하려는 의도에서 도입되었음에도 불구하고 나중에는 노동조합운동 측에 필요한 제도로 자리 매김 되어 가는 경위를 분석하였다. 직업훈련제도는 숙련공과 장인층으로부터 기능 형성의 주도권을 빼앗아 그 조직을 약화시켰다. 그 후 기술혁신으로 일반 노동자들에게 이러한 훈련제도가 필요해졌고 그리하여 보다 광범위한 노동조합 이익에 합치되는 제도로 전용되었던 것이다(Thelen, 2003: 222~225).

또한, 기존 제도 자체에는 손을 대지 않은 채 그 제도와 병행하여 별도의 제도를 추가하여 기존 제도의 역할을 축소시키거나 기능을 전환시

커 버리는 전략도 생각할 수 있다. 이것을 '제도 병설(Layering)'이라 한 다(Schickler, 2001, 252~254). 예를 들어 스웨덴의 보육과 공교육에 있어서 공적인 제도가 직접 삭감의 대상이 되지 않았지만 민간시설이 증대함에 따라 종전 이용자들의 지지를 침식한 사례를 들 수 있다(Streeck and Thelen, 2005: 23). 또한, 미국의 공적연금제도에 개인퇴직계좌 (Individual Retirement Account)나 내국세입법 401(k) 계획과 같은 더욱 사적인 성격이 강한 연금 프로그램이 병설되거나, 혹은 그 세제상 취급이나 이용규제가 완화된 예를 들 수 있다. 미국에서 1980년대 초에 기업연금에 가입하지 않은 일부 피용자에게만 인정되었던 개인퇴직자계좌를 모든 피용자에게 개방하는 '제도 병설'이 이루어졌다. 그 결과 많은 사람이 공적연금에서 개인퇴직자계좌로 바꾸었다. 이는 기존 개인퇴직자계좌를 전제로 그것에 대한 규제를 완화함으로써 공적연금제도 자체에는 손을 대지 않으면서도 그것을 공동화시킨 예가 된다(Hacker, 2002: 163~172; Hacker, 2005).

더 나아가 제이콥 해커는 제도를 둘러싸고 있는 환경은 크게 변화하는

〈그림6〉 제도전환전략의 매트릭스

		고	저
정치의 현상유지 지향	고	**제도방치(Drift)** 환경변화에 대응하지 못하므로써 기존정책의 실질전환 예: 기존 프로그램의 리스크 대응력 감퇴	**제도 전환(Conversion)** 기존 정책의 전용 예: 공적인 보조를 받았던 개인연금급여의 재편
	저	**제도병설(Laering)** 기존정책을 폐지하지 않으면서 새로운 제도 창설 예 : 개인퇴직연금 계산시 세제상 우대조치 창설이나 확대	**제도폐기 · 제도치환** **(Elimination/Replacement)** 예: 보조가 필요한 아동이 있는 가정 부조 프로그램의 폐기

데, 그 제도를 변화된 환경에 적응시키려는 노력을 하지 않은 채 방치하여 소위 미필적 고의로 제도의 위험 대응능력을 약화시키는 전략에 대해서 언급하고 있다. 이것을 Drift라고 하는데, 여기서는 그것이 가지고 있는 뉘앙스를 살려서 '제도 방치'라고 번역하고자 한다. 해커에 의하면 미국의 보수파는 공적연금을 실질적으로 감축하기 위해서 '제도 병설'전략을 사용하였고, 의료제도를 전환시키기 위해서는 '제도 방치'전략을 취하였다.

미국의 공적 의료제도에는 저소득자를 대상으로 하는 메디케이드, 고령자와 장애인을 대상으로 하는 메디케어가 있다. 이러한 제도에 가입하지 않은 이들은 세제상 우대조치를 받는 민간 건강보험에 가입하는데, 그 중 다수가 고용주의 갹출이 동반되는 고용을 베이스로 한 제도이다. 그런데 노동시장이 변화하는 와중에 이런 고용 베이스 민간 건강보험에 가입하지 않은 이들의 비율이 1979년부터 1998년까지 66%에서 54%로 감소하여 저소득층을 중심으로 무보험자가 늘어나고 있다. 특별히 기존 제도를 개정하지 않았지만 환경, 즉 노동시장 변화에 대응하여 제도를 조정하지 않음으로써 제도 쇠퇴가 자동적으로 이루어진 것이다(Hacker, 2005: 57~62).

해커는 이상의 세 가지 제도 전환 전략을 제도의 직접적인 폐기 · 치환과 함께 <그림6>과 같이 표현하였다. 제도 개폐를 둘러싸고 정치적 환경 면에서도, 또한 대상이 되는 제도에 대해서도 저항이 적다면 '제도 폐기 · 제도 치환'도 가능하겠지만, 이런 것은 사실은 일반적인 사례는 아니다. 제도 자체에 대한 조정은 곤란하지만, 새로운 제도를 창설할 수 있는 조건이 주어진다면 '제도 병설'이, 반대로 제도를 창설할 정치적 환경은 숙성되지 않았으나 제도 자체의 조정은 가능한 경우에는 '제도 전용'이, 어느 것도 어려운 상황이지만, 제도의 환경 변화가 현저한 경우에는 '제도 방치'가 유력한 선택지가 된다(Hacker, 2005).

이 책은 일본의 복지정치 과정에서 원래는 후발자본주의 영향인 개발주의적 제도이었던 공공사업과 중소기업금융 등이 점차로 고용유지와 소득보장을 위해 '제도 전용'되는 경위를 살펴볼 것이다.

5. 전후 복지정치의 3단계

복지정치는 복지레짐과 고용레짐을 구축하여 양자를 연계시켰으며, 그것을 유지시키거나 전환시키기 위해 다양한 이익동원, 담론, 제도 전환 전략을 구사하면서 전개됐다. 각국의 전후 복지정치 전개는 크게 3단계로 구분해 볼 수 있다. 즉, 각국에서 복지·고용레짐의 기초구조가 형성되기 시작한 복지국가 형성기, 재정 적자와 저성장으로 이행하게 된 것을 배경으로 하여 복지국가가 감축되는 복지국가 삭감기, 그리고 글로벌화와 탈공업화를 염두에 두고 복지국가의 근본적인 쇄신이 모색된 재편기이다(宮本, 2006a). 일본의 복지정치는 이러한 세 단계에 대체로 대응되면서도 형성기의 지체나 고용레짐을 둘러싼 개혁에서 독자적인 특성을 보였다고 할 수 있다.

● 레짐 형성기 정치

서구 국가들에서는 1940년대에서 1960년대에 걸쳐서 복지레짐과 고용레짐의 원형이 형성되었다. 어떠한 복지·고용레짐을 구축하고 연계시킬 것인가가 이 시기 복지정치의 과제이었다. 복지국가 형성에 관해서는 애초에는 산업화 진전이나 경제성장과 더불어 거의 자동적으로 발전해 가는 것이라는 근대화론적인 견해가 강했다(Wilensky, 1975). 이에 반해서 에스핑 안데르센이나 코르피 등의 권력자원론자라 불리는 논자들은 정치가 복지와 고용의 체제를 형성시킨다는 견해를 제시하여 다수파 견해로까지 끌어올렸다(Korpi, 1983; 宮本, 1997). 그들은 노동조합의 조직화 정도나 사회민주당 등 정치적 대표의 강약이 복지국가 발전을 결정한다고 주장했다. 그리고 그들은 복지국가의 다양성에도 주목하면서 어떠한 정치세력이 주도권을 잡느냐에 따라서 상이한 레짐이 형성된다고 주장하였다. 1장 서두에서 소개한 복지레짐의 유형론은 이러한 논의에서 시작한 것이었다. 한편, 다른 논자들은 노동운동의 영향력 이외의 요인에 관심을 보였다. 예를 들어 이사벨 마레스는 실업보험제도 등의 발전에는 노동자의 기능을 효과적으로 활용하려는 경영자가 주도적인 역할을 했다고 말했다(Mares, 2003). 피터 스웬슨은 노사 간 계급교차연합이 이루어져 고용정책, 사회보장정책에 대해서 노사가 공통의 이해를 갖게 되었다는 것을 중시했다(Swenson, 2002). 또한 시더 스카치폴 등 국가의 제도 구조를 중시하는 논자들은 정책결정의 제도 구조가 새로운 정책 아이디어 수용에 용이했었는지 아닌지에 주목했다(Orloff and Skocpol, 1984). 하지만 이 책은 이러한 논쟁까지는 다루지 않을 것이다.

중요한 것은 복지국가 형성의 정치에서는 조직된 노동운동이 행사하는 정치적 압력을 받으면서 사회민주주의 세력, 보수주의 세력, 자유주의 세력 등의 정치세력이 그때까지의 정치경제 제도를 여건으로 하여 각각의 이념과 이해에 따라 복지·고용레짐 형성을 위해서 경쟁했다는 것이다.

일본과 같은 후발자본주의국가에서 복지국가 형성이 실질적으로 이루어진 것은 1960년대에서 1970년대 사이로 늦은 편이다. 1950년대에서 60년대 초에 보수정당 내에 복지국가 내셔널리즘의 맹아가 있었다. 그러나 결국에는 복지국가 형성보다도 경제성장을 우선하는 세력이 강해졌다. 그리고 처음부터 경제개발을 하기 위한 제도의 비중이 높았다. 그 후 급속한 경제성장이 야기한 사회적 긴장과 보수정당에 의한 정치 우위의 대응이 일본형 복지레짐의 양적 확대를 낳았다. 그런 점에서만 본다면 '복지 원년' 전후의 일본의 레짐 확대는 정치 논리에 의거한 것이었지만, 그것은 임기응변적 정권유지 정치였으며 레짐 전체의 설계에 대한 아이디어나 이념은 매우 빈약했다.

●레짐 삭감기 정치

두 번의 석유위기를 거쳐서 1980년대에 들어서자 미국과 영국을 선두로 하여 복지국가를 축소하려는 시도가 확산되었다. 그러는 와중에 복지정치의 형태가 레짐 형성기와 크게 달라졌다는 지적이 나왔다.

피어슨은 레짐 삭감기의 정치를 모델화하여 형성기의 정치와 대비시킨 바 있다. 피어슨은 1980년대의 대처 정권 및 레이건 정권 시기의 복지정치를 비교 분석하여 사회보장지출의 대 GDP 비율을 기준으로 하는 한 복지 삭감이 이루어지지 않았음을 밝혀냈다. 권력자원동원론이 중시하는 노동운동은 미국에서는 줄곧 강력한 조직을 갖지 못했으며, 영국에서도 이미 옛날과 같은 정치적 영향력은 없어졌다. 그럼에도 불구하고 별다른 복지삭감이 이루어지지 않은 이유는 무엇인가. 피어슨에 의하면, 그것은 한번 확립된 복지국가의 정책과 제도가 '제도적 고착성(Institutional Stickiness)'을 갖기 때문이다.

제도적 고착성이란 무언인가. 한번 정착된 제도는 이른바 록인(Lock in) 효과를 발휘하여, 개혁 비용을 높인다. 예를 들어 새로운 제도를 설계하여 도입하는 비용, 그것의 운영을 학습하는 비용, 다른 액터와 이해를 조정하는 비용 등은 기존 제도를 지속시킴으로써 적어도 단기적으로는 해소되는 것이다(Pierson, 2001: 414~415).

또한, 사회보장 등의 제도는 한번 확립되면 그 제도로부터 혜택을 받는 수익자층이 형성되어 새로운 제도 변경을 강하게 반대하게 된다. 게다가 다양한 집단이 그 제도를 여건으로 하여 전략을 세우고 조직을 만들어 활동하기 때문에 그 제도 자체가 점차로 강고해진다. 이것을 '정

(正)의 피드백' 혹은 '수확체증' 효과라고 말한다(Pierson, 2000).

따라서 이러한 단계에서 수익자집단의 저항을 약화시키면서 복지를 삭감하려면 지금까지 서술한 담론정치와 정치적 조작이 불가결해지는 것이다. 또한, 반대로 어떤 제도나 정책이 납세자로부터 비판의 대상이 되고 있기는 하지만 그 제도의 수익자집단으로부터의 정치적 지지가 매우 중요한 경우도 있다. 그럴 때는 그 제도나 정책의 시행을 납세자가 잘 눈치채지 못하도록 하는 조작이 필요하다. 이러한 조작을 '비난 회피'의 한 형태로서 '실적 회피' 전략이라고 부르기도 한다(Annesley and Gamble, 2004:157).

일본에서는 1980년대 전반의 제2임조를 무대로 한 행정개혁과 나카소네 정권의 정치가 이런 복지삭감기 정치에 해당한다고 볼 수 있다. 일본에서도 이 시기에 복지레짐의 삭감이 시도되었다. 그렇다고 이 시기의 일본 복지정치가 대처 정권이나 레이건 정권처럼 신자유주의적 성격을 갖고 있었는가 하면 반드시 그렇지는 않다. 이미 형성기에 생활보장의 기축을 고용레짐에 둔 바 있는데 이 시기에도 일본적 경영이나 '토건국가'는 유지되었다. 다만, 도시인구 확대라는 새로운 조건 하에서 '토건국가'의 가시성을 낮추는 수법이 구사되었던 것이다.

● 레짐 재편기 정치

1990년대에 들어서자 레짐 삭감의 정치에도 뚜렷한 변화가 나타났다. 한편으로는 1980년대에 비해서 더욱 실질적으로 사회보장 해체가 진행되었다는 지적도 있다. 사회보장지출 전체 규모는 변화하지 않았을지라도 실업수당 등의 부조적 급여가 늘어났고, 사회보장급여의 소득대체율이 저하되었다는 것이다(Korpi and Palme, 2003). 또한 복지국가의 중핵적인 프로그램과 관련된 제도 개혁이 1990년대 말부터 본격화되었다는 주장도 나타났다(Hemerijck and Kersbergen, 1999: 172).

다른 한편으로는 부분적이지만 사회보장이나 공공서비스가 확대
되었다. 지금까지 보육이나 개호 등의 서비스 공급이 제한되어 있던
보수주의 레짐에서는 이들 영역에서 늘어나는 '새로운 사회적 위험'
(Taylor · Gooby, 2004)에 대처하고, 여성의 고용을 확대하기 위해서 보
육이나 개호 서비스가 확충되고 있다. 대처 개혁 후의 영국에서도 클린
턴 정권이나 블레어 정권의 '제3의 길' 형의 담론이 대두한 것을 계기로
하여 단지 복지레짐의 축소가 아니라 제도 자체의 쇄신을 꾀하는 움직임
이 확산되었다. 전후 복지국가체제는 기존의 틀을 전제로 한 삭감이라기
보다는 보다 근본적인 재편과정에 들어섰다고 말할 수 있다(Jenson and
Saint · Martin, 2002).

일본은 1990년대 중반부터 이런 레짐 재편기에 들어섰다고 볼 수 있
다. '구조개혁'을 통해서 고용레짐 자체가 해체되고 있다. 복지레짐의 삭
감도 진행되지만 생활보장의 기축이었던 일본적 경영과 '토건국가' 해
체가 진행되고 있어 그것을 대체할 안전망을 요구하는 목소리도 커지고
있다.

제3장

1960 · 70년대의 복지정치

고용레짐과 복지레짐의 형성과 연대

3장에서는 일본형 복지·고용레짐이 어떻게 형성되었는지를 살펴보고자 한다. 특히, 일본이 지출규모 면에서 볼 때 복지국가라 할 수 있는 수준에 도달하고, 고용레짐의 골격이 확고해진 1960년대부터 1970년대 초까지의 정치를 중심으로 서술할 것이다.

일본 복지레짐의 제도적 특징은 이미 제2차 세계대전 시기부터 형성되기 시작했다. 또한, 고용레짐을 구성하는 제도들은 전후 복구를 뒷받침한 개발주의 체제와 밀접한 관련이 있다. 이 시기 일본형 고용레짐은 실질적으로 생활보장 기능을 향상시켰으며, 복지레짐도 양적으로 확대되었고, 두 레짐 간 연계가 강화되었다.

1. 복지레짐의 틀 형성과 담론

● 전시(戰時) 중의 틀 형성

일본의 복지레짐은 제도적 특징만 본다면 대륙 유럽의 보수주의 레짐과 유사하다고 볼 수 있다. 즉, 주로 남성생계부양자가 가입하는 사회보험이 사회보장의 기축을 이루었다. 사회보험은 직역별로 나뉘어 있었다. 공무원의 은급제도나 일부 기간산업 노동자들을 대상으로 하는 보험이 선행하였으며, 그 외 직역형, 지역형 사회보험이 짜깁기 식으로 창설되었다. 제도 간 갹출조건이나 급여조건에는 상당한 격차가 있었다.

이러한 제도 형성과정을 역사적으로 거슬러 올라가 살펴보자면, 1922년에 건강보험법이 제정되어, 다음 해부터 10인 이상 노동자를 고용하는 광공업의 주요부문 사업장을 대상으로 적용하였다. 다만, 피보험자확대는 1934년에 강제보험 적용대상이 5인 이상의 사업장으로 확대되면서부터 이루어졌다. 건강보험은 중일전쟁 시작으로 국민의 체력과 건강에 대한 관심이 높아지면서 급속히 확대되었다. 1938년에는 임의보험이기는 하지만 농민을 대상으로 한 국민건강보험법이, 1939년에는 직원건강보험법이 제정되었다. 1940년대에 들어서자 '전국민 보험'이란 목표가 제창되었다. 1943년에는 건강보험과 국민건강보험을 모두 합한 피보험자 수가 5,000만 명 정도가 되었다(吉原·和田, 1999: 44~108).

연금을 보면 1941년에 노동자연금보험법이 제정되었다. 이것은 노사갹출을 토대로 한 소득비례형 연금이었으며, 강제보험의 적용범위는 건강보험법 적용을 받는 10인 이상의 사업장이었다. 연금제도 창설도 아시아·태평양전쟁이라는 전시체제가 배경으로 강하게 작용하였다. 즉, 보험료를 징수하여 전쟁비용을 조달하고, 전시 인플레도 억제하려 했던 것이다. 그 후 1944년에는 연금보험의 적용대상을 건강보험과 동일하게 5인 이상 사업장으로 확대하였고, 사무직과 여성도 피보험자에 포함시켰다. 제도의 명칭은(노동자라는 호칭을 사용하지 않기 위해서) 후생연금보험이라 바꾸었다(橫山·多田, 1991: 58~60).

리처드 티토머스는 사회보장체제의 발전과 전쟁 사이에는 긴밀한 관계가 있음을 강조하였는데, 이 점에서 보면 일본도 예외가 아니었다(山本, 2007). 다만, 일본은 영국처럼 전후체제에 대한 구상(베버리지 보고서)을 제시하여 사기를 높였다기 보다는 건강보험을 활용한 건강 증진이나 연금보험의 기금 등 사회보험의 기능 자체를 전쟁 수행체제의 일부로 만들려고 했던 것이다.

이처럼 분립형 사회보험체제가 형성된 상황에서 전쟁이 끝났고, 연합국 최고사령관총사령부(GHQ) 주도로 생활보호제도가 도입되고, 1950년에는 생존권 보호를 명확히 한(신)생활보호법이 제정되었다. 이에 앞서 1947년에는 아동복지법이, 1949년에는 신체장애인복지법이 제정되어 이른바 '복지 3법 체제'가 형성되었다. 이것은 일본에서 사회보장제도가 형태를 갖추기 시작한 지표가 되었다.

● 전국민 의료보험, 전국민 연금

분립적인 제도였지만, 전후 일본은 1961년이라는 이른 시기에 전국민 의료보험, 전국민 연금을 달성했다. 즉, 모든 국민이 건강보험과 공적연금의 피보험자가 되었던 것이다. 전국민 의료보험은 아직 북유럽 등에서도 세 나라만 달성한 상황이었다. 또한, 전국민 연금 달성도 세계에서 12번째이었다. 건강보험은 전쟁 중에 도입한 국민건강보험제도가 지역보험의 기반을 형성하였는데, 연금은 전쟁이 끝난 시점에서는 후생연금 등 직역연금뿐이었다. 모두가 매우 빠르게 실현되었던 것이다.

물론 전국민 의료보험, 전국민 연금이라고 할지라도 내실이 동반된 것은 아니었다. 국제노동기구(ILO) 기준에 따른 사회보장급여 규모를 보면 1960년의 일본은 국민소득에 대한 비율이 4.9%에 지나지 않아 같은 해 서독이 18.5%, 프랑스가 16.3%, 영국이 12.3%였다는 점과 비교하면 한참 뒤쳐진 주자이었다(富永, 2001:249). 그렇지만 형식적이라고는 하지만 전국민 의료보험, 전국민 연금을 달성한 에너지는 인정해야 할 것이다. 전국민 의료보험, 전국민 연금 달성은 점령기와 비교해 볼 때 국내의 정치적 담론이나 역학관계가 더욱 직접적으로 작용했음에 주목할 필요가 있다.

이 시기 일본은 경제가 고도성장하기 시작하였음에도 불구하고 많은 농림어업 종사자, 중소기업 노동자, 대기업 주변의 불안정한 취업자층의 생활은 개선되지 않은 채였다. 이른바 이중구조가 형성되었던 것이다. 눈앞에 풍요로운 사회가 보이는 상황에서 발전으로부터 낙오된다는 것과 모든 것이 불타버린 상황에서 겪는 빈곤과는 차원이 전혀 다르다. 때문에 보수합동(1955년 11월)으로 55년 체제가 출범하게 된 시점에서는 격차를 좁히기 위한 사회보장이 큰 쟁점으로 부상하였다. 특히 합동 후 자민당과 사회당이 처음으로 대결하였던 1956년 총선거에서는 양당 모두 국민연금과 국민건강보험을 핵심 공약으로 내걸었다. 지방에서 경로

연금을 지급하는 자치단체가 늘어나 그것이 호평을 받으면서 사회보장에 대한 관심은 더욱 높아졌다.

● 레짐 형성과 두 개의 복지국가론

일본의 복지국가 형성 초기 단계에서는 어떤 정치세력이 어떤 이데올로기를 가지고 전국민 의료보험, 전국민 연금체제를 추진하였던 것일까. 에스핑 안데르센 등은 복지국가의 유형을 제시하면서 정치세력의 성격을 중요시 했다. 일본에서는 복지국가 상과 관련하여 생각해 볼 때 사회민주주의나 기독교 민주주의에 해당하는 체계적이고 지속적인 이데올로기는 존재하지 않았다. 이 시기 일본은 일종의 개발주의적 내셔널리즘이 제도 형성의 추진력이 되었다.

우선, 경제기획청 등의 성장전략에는 격차시정을 경제성장의 요건으로 하는 발상이 들어 있었다. 이는 지속적인 성장을 위해서는 성장에서 뒤처지기 쉬운 농업부문이나 자영업자를 사회보험으로 포섭하여 격차확대를 줄일 필요가 있다는 사고방식이다. 경제기획청에서 영향력을 가지고 있던 경제관료 중에는 당시 계획부장이었던 오키타 사부로(大来佐武郎)라는 이가 있었다. 오키타는 기시 내각이 발족한 후에 경제심의회에서 '당 측의 요구'를 구실로 사회보장을 통해서 국민 생활의 최저수준을 끌어올릴 필요가 있음을 역설하였다(河野, 2002: 174).

실제로 1958년의 경제백서에는 경제의 안정적 성장을 위해서는 투자만 과도하게 늘려서는 안 된다는 내용이 기술되어 있다. '국민 생활의 균형적 발전'을 위해서 후진적 산업부문의 소득수준을 향상시키는 것이 중요하다고 보고 '일련의 사회보장정책 추진과 그에 필요한 국고 부담의 확대'를 요구하였던 것이다(経済企画庁, 1958: 378~379).

정치가는 어떠했는가. 정당 강령에 일본 최초로 복지국가를 내걸었던 일본민주당의 정신을 이어받아 보수합동으로 창설된 자민당은 강령에서 '문화적 민주국가 완성', '자주독립 완성'과 나란히 '복지국가 완성'을 내걸었다. 이러한 문구가 구체적인 복지국가 비전을 근거로 한 것이라고는 말할 수 없을 것이다. 그러나 그렇다고 해서 전혀 근거 없는 문구는 아니었다. 보수합동 준비과정에서 사회당과 대결을 고려하여 복지국가 건설을 신당의 중점 과제로 하자는 목소리가 계속 나왔다(中北, 2002:236~238). 당시 자민당 주변에는 두 가지 복지국가론 흐름이 있었다(田名部, 2007). 하나는 경제기획청의 논조에 호응하면서 더 나아가 국가주의적인 색채를 강화시킨 기시 노부스케(岸信介) 등이 내건 복지국가 내셔널리즘이다. 그리고 또 하나는 이시바시 단잔(石橋湛山)을 중심으로 한 생산주의적 복지론 계보인데, 이것이 나중에 경제성장으로 복지를 대체하려고 했던 이케다 하야토(池田勇人)로 이어진다.

1956년 12월에 내각을 구성한 이시바시 단잔은 그 직후 '우리들의 5가지 맹세'를 발표하여 국회운영 정상화, 정계 및 관계의 기강확립, 고용과 생산 확대, 세계평화의 확립 등과 나란히 복지국가 건설을 내걸었고, 예산편성에서도 '전국민 의료보험 4개년 계획'을 제시하였다. 여기서 이시바시가 제시한 것이 생산주의적 복지국가라 할 수 있다.

복지국가에 대해서 이시바시는 '우리는 우선 생산을 크게 늘려서 그것을 통해서 복지국가 건설을 이룩하고자 한다'고 주장한다. 이시바시는 일자리를 확대해 나가는 것이야말로 복지국가 건설의 제일보라고 생각했던 것이다. 그리고 쟁점으로 부상하고 있던 국민의료보험제도와 더불어 '주택 건설'이나 교육과 그외 시설 충실화를 강조했다(石橋, 1970). 그리고 다음 해인 1957년 2월에 탄생한 기시 정권은 광범위한 국민을 포섭하는 사회보장제도의 실현에 역점을 두었다. 기시는 1958년 5월 총선거 첫 연설에서 "국민연금제도는 이번 공약 중에서 가장 주목할 만 것이며, 이것을 1959년도부터 연차적으로 실시하여 사회보장을 획기적으로 발전시키고자 한다"고 하면서, "복지국가 완성을 향해 크게 전진하게 될 것으로 믿는다"고 밝혔다(近藤, 1961).

총선거 후 자민당은 노다 우이치(野田卯一)를 위원장으로 하여 국민연금 실시대책 특별위원회를 설치한다. 동 위원회는 현행의 공적연금 가입자를 제외한 모든 국민을 피보험자로 하는 갹출제 국민연금 요강을 마련하였다. 노다는 전국민연금이 서구 선진공업국에서도 충분히 확산되지 못하고 있는 실정을 거론하면서 "예를 들어 전국민연금을 서구 사람은 달성할 수 없다고 할지라도 러일전쟁에서 승리한 일본은 할 수 있다"고 역설하였다고 한다(Campbell, 1992).

덧붙이자면 기시는 나중에 "기시 내각 때 사회보장 및 복지의 토대가 형성되었다는 점이 내 이미지와 맞지 않는다거나 어울리지 않다고 생각하는 사람들이 있는 것 같은데 나는 그러한 평가가 오히려 합당하지 않다고 생각하며, 기시 내각 때 사회보장 및 복지의 토대가 형성되었다는 것은 나에게는 전혀 의외의 것이 아니다"고 말했다(岸, 1983: 478).

이시바시의 생산주의적 복지국가론과 관련하여 기시와 노다의 공통점은 내셔널리즘의 귀결로서 제시된 격차시정론이었다. 이시바시 정권은 하토야마 정권까지 지속된 긴축적인 경제자립화 노선과 결별하여 적극적인 재정정책을 표방하였으며, 기시 정권도 그것을 계승하였다(쑨井, 1993). 그러나 한 발 더 들어가 사회보장에 관해서 살펴보면 양 정권 사이에는 사고방식에서 뚜렷하게 차이가 난다.

● 복지국가 내셔널리즘으로부터 전환

두 개의 복지국가론이 교차하는 가운데 실현된 전국민 의료보험, 전국민 연금에 대해서 살펴보자. 연금을 보자면 1954년 전후 인플레 와중에 오랫동안 유명무실했던 후생연금보험법이 개정되어 보수비례부분이 추가된 제도로서 다시 출발하였다. 그런데 이중구조 때문에 후생연금의 피보험자인 대기업 정규노동자는 그리 많이 증가하지 않았고, 난립 경향을 보이던 각종 공제연금가입자를 더한다고 해도 피보험자는 당시 취업 인구의 3분의 1 정도에 머물렀다. 기시 내각은 이러한 상황에서 1958년에 국민연금법안을 각의 결정하여 다음 해인 1959년에는 동 법안을 국회에서 통과시켰다. 그 결과 후생연금제도 하에서는 그동안 미적용 대상이었던 5인 이하 영세기업 종업원, 자영업자를 포괄하게 되어 이른바 전국민 연금체제가 완성되었다.

이처럼 전국민 연금은 서로 다른 연금제도를 짜깁기하는 식으로 해서 달성되었던 것이다. 후생성과 사회보장제도심의회에 일원적인 기초연금 구상이 있었기는 했지만 그 구상이 실현되기 어려울 것으로 판단한 사회보장제도심의회는 일원화를 연기하도록 하는 답신을 제출하였고, 후생 관료도 기초연금 실시를 연기하였다. 다만, 1961년에 제도 간 연계를 가능하도록 하는 제도가 만들어졌다(Campbell, 1992).

건강보험은 어떻게 변화해 갔던가. 건강보험은 전쟁이 끝난 후 재정 파탄 상황에 처했고, 1956년 현재 국민의 30%가 건강보험 미적용자인 상태였다. 그러나 1953년에 국민건강보험에 대해서 20% 교부금이 국고에서 지원된 것을 계기로 국민건강보험제도를 도입하는 시정촌이 급증하였다(橫山·多田編, 1991: 133).

이런 가운데 이시바시 내각은 전국민을 대상으로 국민건강보험을 실시할 것을 공식적으로 발표하였다. 이를 계승한 기시 정권은 1958년 12월 정기국회에서 국민건강보험법을 통과시켰고, 시정촌에 대해서는 1961년 4월까지 국민건강보험을 실시할 것이 의무화되었다. 이렇게 해서 건강보험도 1961년에 전국민화를 달성하였다(近藤, 1961).

무엇보다도 기시의 복지국가 내셔널리즘은 안전보장과 관련된 친미 내셔널리즘과 불가분한 관계에 있었다. 안전보장관련법 개정을 둘러싸고 조성된 정치적 위기에 대한 책임을 지고 사임한 기시의 뒤를 이은 이케다 내각은 '저자세'로 일관하면서 성장중시노선으로 전환하였다(近

藤, 1961).

이케다 하야토는 원래 기시 내각이 사회보장 정비를 서두르는 것에 위화감을 가지고 있었다. 이케다는 기시가 사회당에게 끌려 다닌다며 비판을 한 바 있으며, '달걀을 어떤 식으로 나눌까'보다 '달걀을 늘리는 것'이 중요하다고 주장했다(田名部, 2007). 이케다 내각 하에서는 내셔널리즘과 함께 재분배 주장도 뒷 순위로 밀려나 국민소득 배증이라는 파이 확대에 역점을 두는 노선으로 전환되었다.

이케다의 소득배증계획을 뒷받침한 경제관료의 발상도 기시 시대와 달라졌다. 이케다의 두뇌 역할을 했던 대장성의 시모무라 오사무(下村治)는 오키타 사부로(大来佐武郎)가 수요를 중시하며 경제 저변을 끌어올리려 했던 것과는 달리 공급 사이드에 역점을 두는 성장전략을 제창했다. 같은 소득 배증론이라도 이케다·시모무라의 논리는 기시·경제기획청이 제창했던 것과 달랐으며, 국제통화기금(IMF)체제에 일본이 가입되었다는 점을 보다 강하게 의식했다(下野, 2002).

2. 고용레짐 형성

● 지역개발 추진과 한계

이렇게 이케다 내각은 전국민 의료보험, 전국민 연금의 내실을 다지는 재분배정책보다도 경제성장에 의한 파이 확대를 우선시 한다는 것을 명확히 하였다. 이는 기시보다도 이시바시에 가까운 사고방식이었으며, 나아가 이시바시와 비교해서도 복지를 경제성장으로 대체하려는 경향이 더욱 강했다. 이케다의 국민소득배증계획에도 재분배정책은 들어가 있었지만, 그것은 재분배를 통해서 지급되는 소득의 국민소득에 대한 비율을 기준 연차(1956~58년도 평균) 4.8%에서 목표 연차(1970년도) 6.1%로 상승시킨다는 수준이었으며, 서구의 복지국가를 따라잡는 일은 처음부터 포기하였다(正村, 1985: 162).

바로 그러한 점 때문에 확대된 파이를 지방에 나눠주는 장치가 불가결했다. 이케다 내각이 1960년 12월에 국민소득배증계획을 각의 결정하면서 함께 확정하였던 '국민소득배증계획구상'은 중소기업 근대화를 통한 이중구조 완화, 후진지역 개발촉진, 공공투자 배분을 통한 지역 간 격차시정 등을 강조하고 있었다. 선진국들과 어깨를 나란히 할 정도의 사회보장은 포기하는 대신에 소득 배증은 격차를 좁혀가는 방향으로 추진한다는 방침이 재차 표명되었던 것이다. 그리고 그것을 구체화하는 역할을 1962년에 확정되었던 '전국종합개발계획'이 맡게 되었다.

전국종합개발계획은 거점개발방식 형태로 태평양 벨트지대 구상에 의거하면서 효율을 중시하는 측면을 유지하면서도 '신산업도시'를 지정하여 지방으로 개발거점을 분산하려 했다. 이 시기 자민당의 정무조사회에는 다양한 부회와 조사회가 설치되었고, 경제성장을 지방의 생활보장과 연동시키기 위한 시스템을 정비해 갔다(御厨, 1995). 그러는 가운데 지방의 개발에 대한 관심이 높아져 민원 경쟁이 과열되었다.

그런데 지역개발이 자연스럽게 사람들의 생활 안정으로 이어지지는 않았다. 도쿄 올림픽 후에 이케다가 병으로 퇴진(1964)하고 나서 바통을 이어받은 사토 에이사쿠(佐藤栄作) 총리는 소득배증계획이 공업기반 정비에만 중점을 두었기 때문에 생활기반 정비는 소홀해졌다고 지적하면서 '사회개발'을 통해서 왜곡을 바로잡겠다고 했다. 그럼에도, 사토 내각이 1969년에 수립한 '신 전국종합개발계획'은 대형 프로젝트를 중심으로 한 내용을 담고 있었으며, 지역개발은 태평양 벨트 지대로 자원과 인구를 집중시켰다(加茂, 1993:70). 1960년대 후반에는 제조업과 농업 간 취업자 1인당 실질소득의 격차가 확대되었고, 그것이 더욱 농촌 이탈에

박차를 가하게 되었다(升味, 1985:450).

● 고용레짐으로서의 '토건국가'

다나카 가쿠에이(田中角栄) 내각은 1972년 7월, 이러한 상황에서 등장하였다. 다나카는 이미 이케다 내각에서 정무조사회장으로서 전국종합개발계획 수립과정에 관여한 바 있으며, 그 후에도 대장성 장관 등을 역임하면서 지역개발 정치를 주도해 왔다. 뛰어난 정치적 감각을 지닌 다나카가 고도성장의 모순들이 분출하고 있던 1960년대 후반의 정치적 위기에 대응하는 과정에서 일본형 복지·고용레짐이 형태를 갖추어 가게 된다. 이 시기의 복지레짐은 다음 절에서 다루기로 하고, 여기서는 고용레짐의 형성에 대해서 설명하고자 한다.

우선 협의의 고용정책을 살펴보고자 한다. 산업구조가 급속히 전환하는 가운데 숙련 노동자는 부족했지만, 중고령층 노동자들의 취업난이 문제화되어 노동력의 수급균형이 주요 정치과제로 부상하였다. 1940년대 말부터는 직접적인 고용정책으로서 실업대책사업이 확대되어 갔는데, 1960년대부터는 정책의 역점이 산업구조 전환에 능동적으로 대응하는 데에 놓였다(久米, 1998).

1958년에는 직업훈련법(현재의 직업능력개발촉진법)이 제정되어 공공직업훈련 실시체제가 정비되었다. 또한, 1966년의 고용대책법은 완전고용 달성을 국가의 정책목표로 명시하여 그것을 위해서 국가가 계획을 수립하는 등 종합적인 고용정책을 펼치도록 하였다. 나아가 1974년에는 실업보험제도가 고용보험제도로 재편되었고, 보험특별회계에 의거하여 고용개선사업, 능력개발사업, 고용복지사업 등 3개 사업이 창설되었다.

1장에서 일본의 고용레짐을 스웨덴과 대비해 보았는데, 이상의 서술에서 알 수 있는 것처럼 일본에도 적극적 노동시장정책이 없었던 것은 아니었다. 그러나 적극적 노동시장정책의 재정지출 규모는 OECD 국가들의 평균을 크게 밑돌았다. 특히 1970년대에 들어서부터 산업구조전환에 대한 조정보다도 오히려 공공사업을 통해서 지방에서 고용을 창출하여 노동력 이동을 억제하는 방법이 부상하게 되었다. 이런 기능을 소위 '토건국가'시스템이 담당하게 되었으며, 다나카 내각은 그것을 촉진시켰다.

다나카가 정권에 있던 시기에 진행된 지역개발은 지방으로부터 3대 도시권으로 대규모 인구 유입을 촉진하였으며, 자민당은 전통적인 지지기반 해체로 지지율이 장기하락하는 어려움에 직면하였다. 1963년에는 전 노동성 장관 이시다 히로히데(石田博英)가 '보수정당의 전망'(중앙공론, 1963년 1월호)이란 논문에서 멀지 않은 장래에 도시 유권자를 기반으로 한 사회당이 정권을 잡게 될 것이라는 예상을 피력하였다. 공해문제와 학생운동에서 비롯된 생산지상주의 비판도 자민당 정치로부터 이탈을 촉진했다.

다나카는 시모코베 아쓰시(下河辺淳) 등 젊은 관료를 동원하여 도시정책조사회를 꾸려 자민당의 '도시정책대강'을 만들도록 하였다. 거기에는 성장신앙에 대한 비판 등 체제비판적인 주장도 들어 있었는데 대중매체는 이에 대해서 적극적인 평가를 하였다. 이 '도시정책대강'을 참고로 하여 다나카는 1972년 수상 취임 직전에 '일본열도개조론'을 발표하였다. 거기서 다나카는 '성장이냐 복지이냐'라는 양자택일 식의 사고방식은 잘못되었으며 "복지는 하늘에서 그냥 떨어지는 게 아니다"라며 성장지속을 정당화하면서, '과밀과 과소 동시해결'을 제창한다. 즉, "공업생산시설을 도쿄, 오사카 등에서 지방으로 내려보내 전국적인 관점에서 재분배할 것"을 주장하였다. 소득 재배분보다 '공업의 재배분'을 전면에 내세웠던 것이다(田中, 1972: 63~80).

'일본열도개조론'의 배경에는 1960년대에 진행된 지방의 인구유출에 대처하기 위한 수단으로 공공사업을 통해서 고용을 제공하여 지방에 지

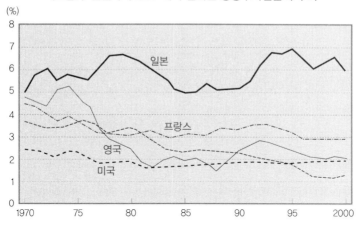

〈그림7〉 선진국의 GDP에서 점하는 공공투자힙율의 추이

〈출처〉 통구 [2005]

　일본 : 국민경제계산연보

　외국 : OECD, National Accounts 2000.

지층을 묶어두려는 의도가 있었다는 사실, 선거 때에는 지방의 건설업계
가 활용되었다는 사실은 '토건국가'라는 용어와 함께 널리 알려져 있다
(石川, 1985).

　이 시기에 공공투자는 GDP 신장을 웃돌았다(<그림7>). 일본의 공공
사업 규모는 점차 통상의(경기순환 대응형의) 고용창출정책 수준을 넘
어서고 있었다. 나아가 공적 고정자본형성 비용의 대 GDP 비율을 가지
고 각국의 공공사업비를 대략 비교해 보면, 일본의 규모는 돌출해 있을
뿐만 아니라 각국에서 사회자본 정비가 일단락되어 지출이 고정되거나
감소하는 단계에서도 계속 증대하고 있다(金澤, 2002; 樋口, 2005). 그리
고 원래 고용정책의 또 하나의 핵인 직업훈련 등 적극적 노동시장정책
은 적어도 지출규모 면에서는 OECD 국가의 평균을 계속 밑돌고 있는
실정이다.

● 중소 영세기업의 보호제도

1970년대 전반에는 공공사업 확대와 더불어 유통업, 제조업 등 중소 영세기업 보호정책이 추진되었다. 1973년에는 급속히 신장하던 공산당 계 민주상공회에 대항하기 위해서 소기업 경영개선자금 융자제도가 도 입되었다. 이것은 1949년에 영세기업의 경쟁력을 높이려는 목적으로 설 치되었던 국민금융금고의 무담보 무보증인 융자를 경영개선 보급사업 과 결합시킨 것이며, 경영 지도원도 대폭으로 늘렸다.

제도를 창설하면서 자민당은 난색을 보이던 대장성을 제지하면서 관 련 예산을 180억 엔이나 증액 수정했다(空井, 1998). 1973년에 300억 엔 이었던 융자규모가 1975년에는 2,400억 엔으로 뛰어올랐다. 그 이외의 중소기업금융도 빠르게 확대되었다. 원래 산업근대화와 설비투자 증강 을 위해서 설치되었던 상공조합 중앙금고(1936년 설치), 중소기업 금융 금고(1953년 설치)의 대출 잔액은 1970년과 1975년 사이에 각각 거의 3 배나 늘었다(Calder, 1988: 319~320).

1973년 9월에는 기존의 백화점법을 슈퍼 등으로 규제대상을 확대해 가면서 허가제를 신고제로 바꾸려는 정부안을 자민당 의원이 강하게 반 대하여 최종적으로는 신고제라고 해도 허가제에 가깝게 운용되는 대규 모 소매점포법이 제정되었다. 동 법은 점포면적, 폐점시간, 휴업 일수 등에 대해서 통산성 장관의 권고를 인정하였고, 행정지도 여지를 남겼 다. 1979년의 법 개정을 통해서는 규제 대상이 1,500 제곱미터 이상부터 500제곱미터 이상으로 확대되었고, 1982년의 통산성 산업정책국장 통 달은 신고 전 창구규제를 강화하였다(建林, 1997).

켄트 콜더는 1972년부터 1981년 사이의 10년간 대기업 피용자가 12만 명 증가하였음에 비해서 농업을 제외한 중소기업의 노동인구가 680만 명이나 증가했다는 점을 들어 중소기업 고용안정이 사회보장이라는 면 에서도 도움이 되었으며, 이러한 고용안정제도가 없었다면 이 시기 일본의 실업률이 3% 이하를 유지하기 어려웠을 것이라는 견해를 보이고 있다(Calder, 1988: 316).

● 대기업 고용시스템

다른 한편으로 고용레짐의 또 하나의 축인 고생산성부문 대기업의 고용제도도 이 시기에 정착되어 갔다. 거슬러 올라가 보면 대기업 임금체계에서 장기 고용을 전제로 한 생활급 비중이 높아지게 된 계기는 1940년대 후반 소위 전산(電産)형 임금체계[1] 도입이었다. 1950년대에 들어서면 노동력 부족을 해소하려는 목적으로 임시공과 중도채용자를 장기 고용에 포함시키게 되었다. 미이케(三池)탄광의 대량 지명해고를 둘러싼 쟁의(1960년)의 교훈과 고도성장에 따른 노동력 부족으로 1960년대에 대기업에서 장기 고용 관행이 확립되어갔다.

장기 고용 관행 확립은 연공제 재설계와 더불어 이루어져 오히려 피용자 간에 경쟁을 강화시켰고 노동의욕을 불러일으키는 장치가 되었다. 거의 동시기에 일본경영자단체연맹(일경련) 등은 연공제 수정과 능력주의 도입을 강하게 주장하여 능력급과 인사관리 재구축이 추구되었다. 직장에서 감과 경험에 의존하는 부분이 많았던 시대에는 근속 연수와 기술수준이 서로 상응되었지만 1960년대의 기술혁신은 이러한 전제를 뒤집었다. 젊은 노동자들의 의욕을 부추기기 위해서라도 능력평가 비중을 늘

---

1 일본에서는 종전 후 인플레로 생활이 어려움을 겪고 있는 가운데 노동조합의 요구는 노동자의 생활을 보증하는 임금을 향해 가고 있었다. 1946년 가을 일본전기산업노동조합협의회는 산별회의 10월 투쟁을 통해 후에 '전산형 임금체제'라 불리는 임금체계를 획득하였다. 당시 노동조합의 임금투쟁은 임금의 증액을 요구하는 것이 일반적이었지만 일본전기산업노동조합협의회는 이 때 처음으로 직접 임금체계를 작성하여 단체교섭을 거쳐서 정부, 경영자에게 승인받았다. 이 임금체계는 전후 약 10년간 일본의 대표적인 임금체계로서 거의 전산업으로 확산되었다. 그 구성 내용은 본인의 연령에 따라 정해지는 '본인급(47%)'과 부양하는 가족의 수에 따라서 지급되는 '가족급(20%)'을 합한 '생활보증급(67%)'이 대부분을 차지하였다. 그 이외에 능력급이 20%, 계속근무급이 5%, 지역임금이 8%를 차지하였다.

렸던 것이다. 1969년 일경련 능력주의 연구회가 낸 보고서 '능력주의관리'는 이러한 변화를 총괄하고 자리매김한 것이다.

동 보고서는 연공제와 종신고용을 뒷받침하던 일본형 집단주의에 대해서 "잘 작동하게 되면 전사원이 하나가 되어 목표를 달성할 수 있다. 서구 기업에서는 생각할 수도 없는 폭발적인 에너지가 솟구쳐 나와 기업이 거대 사업을 성취할 수 있게 한다"고 높게 평가하였다. 그리고 나서 동 보고서는 이것이 '상황주의, 서로 봐주기가 될 수도 있는 결점'이 있기 때문에 연공제와 종신고용을 개인의 능력 함양, 평가라는 관점을 고려하여 시스템화 해나가도록 제언하였다(日本経営者団体連盟編, 1969: 79).

1960년대 중반부터는 복지레짐 형성과 연동하여 기업 내 복리후생이 정비되었다. 우선 법정복리비가 늘었다. 1954년 후생연금보험법 개정 이후 대기업은 공적연금과 기업연금제도를 조정해 주도록 요구하게 되었는데, 1966년에는 후생연금의 보수비례부분을 기업이 대행하도록 인정하여 세제 우대를 해주는 후생연금기금제도가 도입되었다. 뒤에서 서술하는 것처럼, 1970년대 초반 복지 확대도 기업의 법정복리비가 늘어나도록 했다.

그리고, 법정 외 복리후생비 명세를 보면 전국민 의료보험제도 확립으로 의료·보험관련비가 1955년 20.1%에서 75년 10.8%로 감소하였고, 대신에 급여 주택과 주택 취득 시 융자제도 등 주택관련비가 39.3%에서 51.4%로 늘어났다. 주택 관련을 중심으로 한 기업의 복리후생비는 세제 혜택을 받았다. 일본의 사회보장에서는 공적 주택정책은 뚜렷하게 억제되었다. 이것을 전제로 대기업은 종업원 가족에게 급여 주택을 거쳐서 주택 취득에 이르는 생활 주기 관리를 실시하여 종업원의 노동의욕을 끌어내었다. 그리고 정부도 이러한 기업 내 복리후생을 지원하였다(金子, 1991: 138~142).

1965년에 일경련이 발표한 '복리후생 합리화 기본방향'은 공적복지와 기업 내 복리후생의 연계 방향을 제시하였다. 동 제언서는 "낡은 경영가족주의를 대신하여 종업원의 기업에 대한 귀속의식을 근대적으로 형성시키기 위한 새로운 이념을 어떻게 제시할 지가 중요한 과제"라고 서술하였다(日本經營者團體連盟編, 1965: 29). '능력주의 관리'이념과 마찬가지로 특별히 의도하지 않은 채 형성된 종래의 일본적 경영 형태를 지속 가능한 제도로 의식적으로 재편하려는 시도 속에서 대기업의 고용시스템이 형성되었던 것이다.

일본형 고용 관행 재확립과 함께 중핵적인 대기업의 안정적 성장을 실현하는 산업정책과 정부 개입 형태도 재정립되어 갔다. 1950년대 후반, 통산성은 철강, 합성섬유, 석유화학, 전기 등 주요산업별로 산업육성계획과 진흥법을 만들어 분야별 산업육성에 역점을 두었다. 나아가 1960년대에 들어서게 되면 무역 자유화 속에서 통산성은 법적인 통제수단을 상실하게 되지만, 그럼에도 불황 카르텔 형성 지도 등을 포함하여 비공식적 호송 선단형 개입을 강화해 간다(村上, 1984).

● 고용레짐 내의 균열과 연대

일본형 고용레짐 형성은 이상과 같이 우선 고생산성 부문 대기업에서 1960년대 말에 일본적 노무관리 구조가 형태를 갖추게 되었다. 그것은 장기적 고용 관행을 전제로 하여 연공제와 능력주의 관리를 상호보합적으로 조합하여 그 위에 기업 내 복리후생을 연동시킨 것이었다.

나아가 앞항에서 살펴본 것처럼 1970년대에 들어서게 되면 전통적인 지지층을 붙잡아 두려는 집권당의 의도가 작용하여 저생산성 부문에 대해서도 공공사업과 보호 · 규제를 통해서 고용을 안정시키려는 구조가 다양한 방법을 통해서 강화되어 갔다.

이처럼 일본의 고용레짐은 고생산성 부문의 민간 대기업과 영세한 유통업이나 건설업 등의 저생산성 부문이 분열된 형태로 형성되었다. 1장에서 살펴본 것처럼 완전고용에 대한 적극적 관여라는 면에서 일본과 어깨를 나란히 하는 스웨덴의 고용레짐은 적극적 노동시장정책을 통해서 저생산 부문에서 고생산 부문으로 노동력을 이동시켜 양 부문을 밀접히 연계시켰다. 이에 반해서 일본은 고용레짐의 두 부문이 독립적으로, 한 발 더 나아가 각 기업별, 업계별로 나뉘어 노동력을 끌어안는 '분립된 생활보장'을 형성했다.

두 부문의 생활보장은 단순히 분열 된 것만이 아니라 서로 다른 네트워크를 통해서 뒷받침되었다. 선진 기업 및 그 피용자는 산업정책을 통해서 조직된 시장 속에서 행정 개입을 통해서 보다 직접적인 지원을 받았다. 한편, 농업과 중소기업, 자영업은 정당을 통해서 매개 되었다(樋渡, 1991, 133~247). 자민당의 역할은 전자의 네트워크 속에서는 보다 간접적이었으며 레짐 전체의 안정을 지향하였고, 후자에서는 보다 직접적으로 예산분배와 이익배분의 선두에 섰다(Okomoto, 1989). 그런 점에 한해서 본다면 두 개의 네트워크는 잠재적인 긴장관계에 있었다고 할 수 있다.

다만, 고도경제성장기에는 이런 긴장관계가 현재화되지 않았다. 저생산 부문의 경영뿐만 아니라 고생산 부문의 기업에 대해서도 행정지도 등을 통한 정부 개입이 경쟁력을 뒷받침해 주었다. 그러했기 때문에 민간 대기업 노사도 고용레짐의 형태에 대해서 정면으로 이의를 제기할 수 있는 처지가 아니었다. 오히려 공무원노조나 중소기업노조의 조직력을 배경으로 춘투(춘계 임금교섭) 방식의 임금인상교섭이 대기업의 임금인상을 저생산 부문의 일부(중소규모 제조업이나 서비스업, 공공부문)로 파급시켰다. 1964년에 있었던 이케다 수상과 오타 가오루(太田薰) 총평(일본노동조합총평의회) 의장 사이의 수뇌회담 이후 민간 기업의 임금상승을 인사원 권고를 통해서 공공부문에도 반영시키고, 춘투의 수준에 맞추어 중소기업이나 미조직 노동자의 임금수준도 끌어올리는 메커니즘이 정착되었다.

그러나 저생산 부문에는 당연히 춘투 방식으로는 대응할 수 없는 경영이나 자영업이 다수 존재하였다. 게다가 1964년에는 철광, 전기, 조선, 자동차, 기계의 산업별 조합이 국제금속노련일본협회(IMF · JC)를 결성하여 점차로 춘투에서 주도권을 잡아갔다. 그리하여 이러한 구조가 무너져갔다. 그 상징이 1975년 춘투 이후 나타난 노사협조를 통한 임금인상 자숙 노선이라 할 수 있다(新川, 2005: 173~186).

국제환경과 산업구조가 변화하는 가운데 대기업 노사가 산업정책으로부터 자립성을 갖게 되자 양 부문 사이의 잠재적인 긴장관계가 현재화되기 시작했다. 다음 장에서는 이 즈음 형성된 정치적 역학에 대해서 서술할 것이다.

3. 복지레짐 확대

● 왜 노인문제였던가

기시 정권에 의해서 전국민 의료보험, 전국민 연금이 달성되었고, 이케다 정권이 추진한 소득배증정책으로 생활보장의 기축이 고용레짐 쪽으로 옮겨갔다. 1960년부터 1965년 사이에 실질임금은 3.8% 상승하였다. 또한, 1965년에서 1975년 사이에는 8.1%가 상승하였다. 저생산 부문 저소득층의 소득 증가를 비롯하여 소득이 전체적으로 상승했다.

1960년대의 복지레짐 동향을 보면 정신박약자복지법(1960년), 노인복지법(1963년), 모자복지법(1964년)이 연이어 시행되었고, 복지서비스 관련 제도도 정비되었다. 그러나 소득보장에 있어서는 기업연금 각출을 비과세로 하는 적격연금법(1962년)과 전술한 후생연금기금제도(1966

년) 도입 등 대기업의 안정적인 노사관계 형성을 보강하는 제도가 마련된 것 이외에는 큰 변화는 없었다.

복지레짐과 관련한 커다란 전환은 고도성장과 그에 따른 사회 변화 때문에 이루어졌다. 다나카 내각이 지방과 자영업자의 고용을 보호하는 틀을 계속해서 만들어 내었고, 그것이 대기업의 고용시스템 정착과 더불어 일본형 고용레짐을 형성했다는 점에 대해서는 이미 앞 장에서 살펴보았다. 한편, 고도성장의 혜택을 받아 올라간 생활수준에 비해서 사회보장 수준은 매우 낮은 상태였다.

고용레짐은 현역 시대의 생활보장에는 기여하지만 퇴직 후 생활까지 보장하는 것은 아니다. 고도성장을 통해서 일반 세대의 소득은 급격히 상승했지만, 고령자세대의 소득은 그것의 40% 정도밖에 되지 않았다(地主, 1985:306). 결국, 노인문제는 고용레짐 위주 생활보장이 안고 있는 결함이라고 볼 수 있었으며, 1960년대 말부터 급속하게 사람들의 관심을 끌게 되었다. 유럽 보다 배나 많은 와상노인의 비율, 고령자세대의 빈곤문제가 부상하였고, 여론조사에서도 사회보장을 중요한 정치과제로 생각한다는 회답이 늘어났다(Campbell, 1992). 이러한 배경 하에서 연금이나 고령자의료를 중심으로 1970년대 초에 사회보장지출이 대폭 확대되었다. 그리하여 일본의 사회보장지출 규모가 이 시기에 처음으로 선진국 수준에 접근하였다. 특히 1972년 12월의 총선거에서 패배한 다나카 내각은 1973년에 몇 가지 발본적 개혁을 실시하였고, 그 때문에 이해를 '복지 원년'이라고 부르게 되었다.

● '복지 원년'의 정치과정

'복지 원년'이라 불리는 1973년에 70세 이상 노인의 의료비에 적용되고 있었던 30% 자기부담분을 국가와 지방자치단체가 대신 부담해 주는 노인의료비지급제도가 도입되었다. 이것이 이른바 노인의료비 무료화

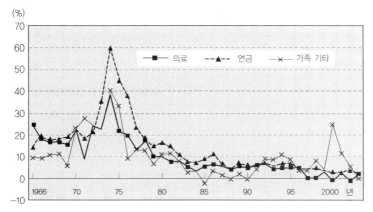

〈그림8〉 사회보장급여비 대 전년도 신장률 추이(분야별)

〈출처〉 국립사회보장 · 인구문제연구소 · 사회보장연구자료제1호(http://www.ipss.
go.jp/ss-stat/sokyu/sokyu1.html)에 의거하여 작성

이다. 또한, 건강보험 가입자의 가족의료비에 대해서 50%이었던 보험자
부담비율을 70%로 인상하였다. 다시 말해서 본인부담 비율이 30%로 낮
아졌다. 또한 후생연금 지급액이 2.5배 인상되었고, 지급액이 매년 소비
자물가와 연동하여 자동 조정되도록 했다. 그리고 이에 앞서서 1972년
에는 소득 조건과 세 번째 유아부터라는 조건이 붙기는 했지만, 아동수
당이 도입되어 일본의 사회보장제도는 제도체계 면에서도 완성을 보았
다(橫山, 1985).

　<그림8>에서 명확하게 드러나는 것처럼 이 복지 원년의 사회보장급
여비 신장률은 괄목할 만했다. 다만, 이 시기 자민당의 대응은 전국민 의
료보험, 전국민 연금을 성취할 때와 비교해 보면 훨씬 수동적이었다. 예
를 들어 노인의료비 무료화는 혁신 자치단체 등 지방자치단체가 앞서서
시행하고 있던 시책을 자민당 정권이 정치적 위기를 벗어나기 위해 도입
한 것이었다. 이미 1960년에 이와테현(岩手縣) 사와우치촌(沢内村)에서
는 65세 이상 고령자를 대상으로 의료비 무료화를 시행하였고, 1969년

에 아키타현(秋田縣)과 도쿄도(東京都)가 시행한 것을 계기로 급속하게 각 지방자치단체로 확산되었다.

이에 대해서 후생성 내에서 사회국이 적극적인 관심을 보이기는 했지만, 내부 합의에 이르지 못했고, 결국에는 도쿄도와 마찬가지로 본인 부담분을 일반재원에서 지출하는 안을 마련하였다. 자민당은 일찍이 노인 의료비 무료화를 주장하였던 소노다 스나오(園田直)와 같은 이를 제외한다면 대체적으로 이 문제에 대해서는 적극적인 추진론이나 전문적인 표명도 없는 가운데 사회적 압력이 강해서 어쩔 수 없다는 분위기에서 1972년 12월 국회에 법안을 제출하게 되었다(Campbell, 1992).

또한, 5만 엔 연금 실시도 노사 간 일치된 요구에 대해서 다나카 내각이 민감하게 반응한 결과이었다. 1972년 총평 정기대회에서 '연금 투쟁을 위해 파업 수단까지 동원한다'는 결정이 내려졌고, 다음 해 9월의 확대평의회는 최저 4만 엔의 노령연금을 쟁취하기로 결정했다. 주목할 만한 것은 일경련도 같은 달 총평 간부와 회담하여 '복지 공동투쟁'을 결정하면서 최저 4만 7천 엔의 후생연금을 확보한다는 방침에 합의를 했다(山崎, 1985: 197). 일본형 고용레짐이 정착되어 가는 가운데 일경련이 이렇게 대응한 배경에는 퇴직 후 소득보장은 고용레짐과 별개(경영자 입장에서 말하자면 기업 내 복지로 대응하는 데는 한계가 있다.)라는 인식이 깔려 있었다고 하겠다.

이러한 움직임에 대해서 다나카 총리는 신속하게 대응했다. 총평이 4만 엔 연금을 요구하기로 결정한 이틀 후에 자민당 사회보장조사회는 5만 엔 연금 도입과 물가 슬라이드제를 건의하였다. 다나카는 이 건의를 받아들여 연금개혁을 12월 총선거의 주요 공약으로 설정하였다. 총선거 패배 후 같은 해 예산편성을 하면서 다나카는 반발하는 대장성을 억눌러 5만 엔 연금의 구체안 작성하라고 지시하였고, 1973년 2월에 각의 결정하였다(山崎, 1985).

자민당의 불리한 정치적 상황이 '복지 원년'을 낳았다는 주장들이 많다. 이익정치로서 복지정치는 그런 점에서 다원적인 성격이 짙었다. 또한, 정당이 주도하는 다원적 정치과정이 형성된 배경에는 혁신 자치단체를 뒷받침한 시민운동 등이 자민당 정권에 위협을 가져다주었기 때문이라는 지적도 있다. 그러나 덧붙여서 강조하고 싶은 것은 이 시기에 고용레짐이 형성되었고, 고용레짐 내부에서 분출한 노사 압력이 고용레짐을 보완하는 형태로 복지레짐을 형성하도록 하였다는 점이다.

'복지 원년' 이후 사회보장 예산 신장률은 7년 동안 플러스를 유지하여 사회보장급여의 대 국민소득 비율은 1976년에 10%를 초과하였다(多田, 1994:81). 그런데 규모 면에서 서구 복지국가 수준에 근접하게 된 이 시기에 역설적이게도 추진 주체 속에는 기시와 같은 복지국가 내셔널리즘도, 이시바시와 같은 생산주의적 복지국가론도 존재하지 않았다. 단지 정권을 연명하기 위한 정치만 있었을 뿐이었다.

● 복지레짐의 정체와 '제도 전용'

'복지 원년'이라 하는 1973년의 10월에는 제1차 석유위기가 발생하여 세계경제가 저성장으로 전환되었다. 1973년도 예산편성은 전년도에 비해 37.4%이나 늘어 난 풍부한 조세수입에 의해서 뒷받침되었지만, 1974년도에는 조세수입의 증가율이 12.6%로 낮아졌고, 1975년도에는 마이너스 9.1%로 곤두박질했다. 이에 반해서 사회보장지출의 신장률은 1974년도와 1975년도에 전년도 대비 35%를 넘어서는 높은 증가세를 보였고, 그 후로도 1979년까지 사회보장지출은 크게 억제되지 않았다(橫山, 1988: 42~60).

그러나 1975년도 예산편성에서 공채 및 차입금 비율이 전년도의 10.6%에서 24.6%로 급상승하게 되자 대장성은 재정에 대해서 긴축적 태도를 취하게 되었다. 이에 호응하여 재정제도심의회는 1976년도 예산에 관한 건의에서 "사회보장제도에 대한 전반적 조정, 혹은 중앙과 지방자치단체 역할분담이라는 관점에서 각종 제도를 개혁하고, 사회보험료 및 수익자부담을 적정화하여 공정한 비용 부담을 확보할 필요가 있다"고 했다. 한편, 공공사업비와 관련하여서는 "최근 2년간 증가를 억제시켰던 공공사업 등의 투자적 경비에 예산을 중점적으로 배분하는 것이 타당하다"고 제언하였다(財政調査改編, 1976, 39~40). 그리하여 1976년도 이후 사회보장지출의 신장률이 둔화된 것과 달리 공공사업비는 1979년까지 20% 이상 신장되었다(新川, 2005:124~127). 그런데 공공사업 확대의 상당 부분은 고용 확대 목적으로 전용되었다. 그러면서도 그것은 '투자적 경비'로 정당화되었다. 이는 앞 장에서 설명한 바 있는 제도전용 전략 유형에 비추어 말하자면 세렌이 말한 '제도 전용'이 이루어진 것이라고 할 수 있겠다.

일본형 고용레짐을 구성하고 있는 제도 중에서 상당수는 고용정책 관련 제도로서 새롭게 도입된 것이 아니었다. 이전에 지역개발이나 산업근대화를 지향한 개발주의국가의 정책수단이었던 공공사업, 중소기업금융, 경제 규제를 정치적 위기에 처한 자민당 정권이 고용의 창출과 유지, 그리고 그것을 통한 정치적 지지조달을 하기 위한 용도로 사용하면서 그 성격이 바뀌었다. 자민당 정권이 개발주의로부터 돌아선 이유는 대외적인 경쟁력 유지보다도 고용창출을 통한 정치적 안정이라는 목표를 우선하였기 때문이다(Aoki, 2001).

개발이나 산업근대화를 위한 제도가 고용을 위한 장치로 바뀐 제1의 '제도 전용'은 복지레짐의 확대가 멈추게 되자 그 기능의 일부를 흡수하게 되는 제2의 '제도 전용'을 하게 된다. 이러한 경향은 1980년대 이후 더욱 명확해지지만, 이미 1970년대 중반부터 나타나기 시작했던 것이다.

4. 복지 · 고용레짐과 정치적 대립축

● 왜 복지국가는 대립축이 되지 못했는가

일본에서는 복지와 사회보장이 전국민 의료보험, 전국민 연금 체제 성립기를 제외하면 중심적인 정치적 쟁점이 되지 못했다. 적어도 여야당은 지출규모나 기본이념을 달리하긴 했지만, 양자가 현실적인 사회보장정책을 내걸고 경쟁하는 구도는 조성되지 않았다. 이 점이 미 · 영이나 북유럽과 크게 다르다. 대신에 평화문제나 헌법문제가 여야당의 정치적 대립축이 되었다. 이 점은 안보문제를 둘러싼 이데올로기 대립이 수그러들었던 1955년 이후에도 기본적으로 변하지 않았다(大嶽, 1999).

이러한 정당정치의 배경으로는 야당의 기축이었던 일본사회당의 이데올로기적 급진성이 지적되었다. 사회당은 '사회민주주의의 틀을 벗어난 사회민주주의 정당'(淸水, 1961)이었고, 특히 가타야마 테츠(片山哲) 내각과 아시다 히토시(芦田均) 내각이 무너지고 나서 제4회 당 대회 이후로 점차 사회주의 정당의 성향이 선명해졌다. 정치적 대립의 대상은 복지국가 형태가 아니라 체제 선택이었으며, 평화문제는 당시 사회주의 국가가 평화세력이라는 인식 하에 체제 선택의 상징이 되었다.

그러나 그것만으로는 민사당이 서구 사회민주주의와 유사한 정치적 이념을 내걸었음에도 불구하고 크게 세력을 확대하지 못했던 점을 비롯하여 일본에서 나타난 정치대립축의 '특수성'을 설명할 수 없다(渡辺, 1991). 일본적 노사관계나 중소기업 · 자영업, 농업에 대한 보호 구조가 사회민주주의 정당이 대표할 만한 사회기반을 침식하여 사회당의 위치가 '좌'쪽으로 밀려난 정치적 대립 구도가 형성되었다는 지적이 있다. 산업정책을 통해서 조직된 시장에서 고성장 부문 노동자의 고용과 수입을 보호하고, 중소기업 · 자영업, 농업 등의 이익은 보수정당이 폭넓게 대변하는 형태가 도지 라인(Dodge line) 등을 계기로 하여 이미 1950년대에 완성되었다는 견해도 있다(樋渡, 1991).

어쨌든 이 책이 일본형 고용레짐이라 하여 뭉뚱그린 제도를 토대로 하여 자민당이 매우 폭넓은 이익을 포섭하는 포괄정당이 되었다는 점과 야당세력의 급진성이 조합되어 복지국가가 적어도 거시적 정치경제 모델로서는 정치적 쟁점에서 제외되었다. 그 결과로 무대 위의 정치대립의 초점은 평화문제 등 '문화정치'가 축이 되는 일본적 정치대립 구도가 만들어진 것이다.

● 일본형 '사회민주주의'?

이러한 사실 때문에 자주 일본의 정치경제체제 혹은 그에 바탕을 둔 자민당은 사회민주주의적인 특질을 가지고 있는 것으로 인식되었다. 신자유주의적 담론이 대두하기 전까지의 자민당 정치 행태를 가리키어 '일본형 사회민주주의'라고 표현하기도 했다. 그러나 정치대항을 하는 가운데 사회민주주의를 침식했다는 것과 스스로가 사회민주주의적이라는 것과는 크게 다르다. 일본의 복지 · 고용레짐은 적어도 오늘날의 비교복지국가연구가 생각하는 사회민주주의 레짐과는 크게 차이가 있다.

분명히 1980년대까지 실업률은 사회민주주의 레짐이라 할 수 있는 스웨덴과 유사하게 낮았다. 그러나 그런 좋은 고용성과가 스웨덴처럼 적극적 노동시장정책이나 공공서비스를 통해서 실현된 것이 아니라 고용레짐 하에서 호송선단방식의 행정지도나 공공사업이나 보호 · 규제를 통해서 '회사가 쉽게 도산하지 않는 구조'가 형성되었기 때문이었다.

이러한 구조를 전제로 하여 크고 작은 회사와 업계가 노동력을 끌어안았기 때문에 실업률이 억제되었던 것이다. 고용보호의 대상이 남성생계부양자로 한정되었다는 것도 사회민주주의 레짐과는 크게 다르다. 소매업이나 중소기업의 고용에는 불안정한 요소도 많았다. 이러한 고용레짐의 형태를 반영하여 복지레짐은 사회민주주의 레짐의 보편주의적인 사회보장제도와는 달리 직역별로 나뉜 사회보장제도가 유지되었다.

이러한 복지레짐의 성향은 어느 쪽이냐고 하면 독일이나 프랑스 등 보수주의 레짐에 가깝다. 또한, 정당배치구도도 일본의 상황은 1960년대 및 1970년대의 프랑스나 이탈리아에 가까운 면이 있다. 즉, 보수주의를 기초로 하는 포괄정당이 고성장부문의 기업뿐만 아니라 농업, 소매업, 중소기업 등의 이익도 폭넓게 배려하였고, 이에 급진적인 사회당이나 공산당이 이데올로기적 대립을 하는 형태였다. 프랑스나 이탈리아에서도 이 시기 지방의 소매업이나 중소기업을 과도한 경쟁으로부터 보호하는 조치가 지속적으로 취해졌다. 특히 이탈리아에서는 이익유도를 중시하는 정치적 후견주의(clientalism)가 성행했다(Tarrow, 1977: 173~202).

그러나 대륙 유럽의 보수주의 레짐은 고용 면에서 일본의 고용레짐과 같은 좋은 실적을 내지 못했다. 대신에 실업자나 조기 퇴직한 고령자를 위한 소득보장정책 쪽으로 복지레짐이 확대되어 재정을 압박하는 결과를 낳았다. 이에 반해서 일본의 고용레짐은 적어도 기능적으로는 복지레짐과 잘 연동하였다.

제4장

1980년대의
복지정치

복지레짐 삭감과 고용레짐 옹호

1980년대에 들어서자 서구에서는 미국의 레이건 정권, 영국의 대처 정권으로 대표되는 신자유주의 흐름이 대두했다. 일본에서도 1970년대 후반부터 재정의 공채의존도가 높아졌고, 1980년대에는 나카소네 야스히로(中曾根康弘) 정권 하에서 행정개혁, 세제개혁이 추진되었다. 이처럼 1980년대의 정치는 자주 미·영의 신자유주의와 유사한 흐름으로 여겨졌다. 그러나 정책 내용의 실상은 미·영과 달랐다(樋渡, 1995).

1980년대 일본에서는 행정개혁에 의해서 복지레짐이 삭감되었고, 세제개혁에 의해서 조세의 재분배기능이 약해졌는데, 고용레짐을 통한 '분립된 생활보장'은 유지되었다. 일본적 경영이 저성장 시대를 극복할 수 있는 모델로 내외로부터 평가를 받게 되었고, 다른 한편으로는 공공사업도 계속 확대되었다. 때문에 수직적인 소득격차는 크게 확대되지는 않았다. 다만, 국제적인 경제환경이 변화함에 따라 고용레짐 속에 내재해 있던 고생산성 부문과 저생산성 부문 사이의 긴장관계가 점차로 현재화되었다. 정부의 산업정책으로부터 벗어나 자립하려는 대기업의 노사연합과 정부규제나 이익유도에 의한 보호를 기대할 수밖에 없었던 지방을 중심으로 한 농업이나 건설업 간의 이익대립이 표출되었던 것이다.

1980년대 자민당에게는 나중의 '구조개혁'노선과 같이 지방의 전통적 지지층을 대상으로 했던 이익유도정책을 철폐하기란 어려운 일이었다. 따라서 한편으로는 행정개혁이나 세제개혁을 도시 신중산층에게 어필하면서 다른 한편으로는 지방에 대한 이익유도정책을 유지하여 자영업자 등의 세제 우대정책 등을 온존시키는 모순적인 정치가 펼쳐졌다. 결과적으로 이와 같이 '양다리'를 걸치는 정치는 고용레짐의 수평적인 분열을 심화시켰다. 합의에 의한 재분배가 아니라 정치적인 편법으로 수직적인 계층화를 억제해 온 역작용이 드디어 1990년대에 다양한 형태로 분출하게 된다.

1. '일본형 복지사회론' 담론과 마에카와 리포트

● '일본형 복지사회론'

1970년대 후반부터 일본의 복지정치를 방향 지은 담론은 '일본형 복지사회론'이다. 일반적으로 '일본형 복지사회론'은 일본적 공동체의 상호부조기능을 재평가하여 복지국가 방향을 수정하고 작은 정부로 전환할 것을 촉구한 이론으로 여겨진다. 그러나 이것이 미·영에서 나타난 신자유주의와 유사한 것이냐 하면 반드시 그렇지는 않다. 다시 말해서 시장원리 그 자체를 옹호한 것은 아니었다. 오히려 '일본형 복지사회론' 담론은 일본형 고용레짐이 복지레짐의 기능을 흡수하는 것을 정당화 하는 것이었다.

'일본형 복지사회론'이라는 용어가 처음으로 등장한 것은 1975년에 출판된 무라카미 야스스케(村上泰亮), 로야마 쇼이치(蝋山昌一) 등의 공저 『생애설계계획: 일본형 복지사회 비전』에서 였다. 이 책은 일본이 북유럽형 복지국가를 향해 가는 것에 대해서 의문을 표하고 기업이나 지역에서 상호부조를 축으로 한 일본형 사회시스템을 재평가 해야 한다고 주장했다(村上·蝋山ほか, 1975). 이 책의 내용은 같은 해 미키 다케오 내각 하에서 자민당 정무조사회가 수립한 '생애복지계획'에 거의 그대로 반영되었다.

무라카미 등의 비전은 한편으로는 북유럽 복지국가의 의의를 인정하면서, 일본형 사회시스템에 대해서도 그것을 보다 열린 구조로 만들어 나갈 필요성을 강조하는 등, 이념적인 성향을 띤 것은 아니었다. 그러나 그 후 '일본형 복지사회론'은 복지국가에 대한 보다 노골적인 이데올로기적 비판과 일체화되어 갔다. 이 시기에 나타난 복지국가에 대한 이데올로기적 비판을 대표하는 것으로는 1975년 2월의 『문예춘추』에 게재되었던 '그룹 1984년'이라 이름 하는 집필자집단에 의한 익명 논문 「일본의 자살」이 있다.

고야마 겐이치(香山健一) 등이 집필한 것으로 알려진 이 논문은 사람들에게 '빵과 서커스' 즉, 최저소득과 레저를 보장하는 복지국가가 일본을 쇠약하게 만들어 '이기주의와 악평등의 수렁'에 빠뜨릴 것이라고 주장했다. 그리고 "가족을 위해서 정성을 다해 음식을 준비하고 스웨터를 짜는 기쁨을 잊어버린 주부들이 너무나 많다"고 한탄하면서 소비사회가 빚어낸 전통문화 해체와 '모성상실'을 비판했다(グループ1984年, 1975). 나중에 제2차 임시행정조사회(제2임조) 회장으로 취임하는 도코 도시오(土光敏夫)는 이 논문을 호평하여 복사본을 배포했다고 한다. '일본형 복지사회론'에는 이러한 정신주의적인 복지국가 비판도 흘러들어 갔던 것이다.

'일본형 복지사회론'은 슈미트 식으로 말하자면 사람들의 일상에 침투한 커뮤니케이션적 담론이라기보다는 정책과정 내부에서 영향력을 가졌던 조정적 담론이었다(Schmidt, 2002). 대중매체를 통해서 광범위하게 유권자를 직접 움직였다고는 말하기는 어렵다. 대신에 정부나 제2임조 내부에서 영향력을 확대하여 복지레짐이 삭감되도록 했다(神原, 1986).

구체적으로는 그 후에 무라카미, 고야마 등이 참여하여 오히라 마사요시(大平正芳) 수상의 두뇌 조직이었던 '정권구상 포럼'이 만들어졌고, '일본형 복지사회론'은 이 포럼의 중심적인 주장이 되었다. 1979년의 시정방침연설에서 오히라는 "일본인이 가진 자주·자조 정신, 남을 배려하는 인간관계, 상호부조 관행을 유지하면서 적정한 공적 복지를 조합시켜서 공정하고 활력 있는 일본형 복지사회를 건설하기 위해 노력하겠다"고 밝혔다.

나아가 같은 해 발표된 '신경제사회 7개년 계획'에서는 '일본형 복지사회론'을 개인의 자조 노력과 가족이나 이웃·지역사회 등의 연대를 기초로 한 '일본형이라고 할 수 있는 새로운 복지사회 실현'을 지향하는 것으로 규정하면서 정부의 정책이념으로서 정식으로 표명되었다. 그리고 일본형이라는 용어는 없어졌지만 '활력 있는 복지사회'라는 말이 1981년 임조 제1차 답신에 들어가게 된다. 이 답신은 '개인의 자립·자조 정신에 입각하여 가정과 이웃, 직장과 지역사회의 연대를 토대로 하여 효율적인 정부가 적정한 부담을 함으로써 충실한 복지를 구현하는 것이 바람직하다'고 주장했다(臨時行政調査会, 1981).

이 담론은 '일본형'을 강조하고 있는데, 가족과 지역의 상호부조를 강조하여 복지 삭감을 정당화하는 논리는 서구에서 이루어진 복지국가 비판에서도 나타난다. 영국의 신자유주의 대명사가 된 대처 총리도 '빅토리아의 미덕'을 칭송하면서 시장주의적 개혁을 추진했던 것이다. 이 점 때문에 '일본형 복지사회론'이 영국이나 미국의 신자유주의와 크게 다르지 않다는 주장이 나오게 되었다(堀, 1981; 早川, 1991).

그런데 일련의 '일본형 복지사회론' 가운데서도 가장 일관성 있고 이론적 기초를 갖추고 있다고 생각되는 무라카미 등의 주장을 보면, 오늘날의 생산레짐론이 말하는 '자유주의적 시장경제'와는 구별되는 일본형의 '조정적 시장경제'를 복지레짐 삭감의 대체물로 간주하고 있었다(Hall and Soskice, 2001). 무라카미는 일본은 서구형 근대화에 집단주의를 적절하게 삽입하여 "관청이나 기업 등의 근대형 조직은 실은 오히려 새로운 의사(擬似)가족공동체, 의사마을공동체로서 역할을 하여 완전한 서구형 개인이 아닌 일본인에게 심리적인 안정감을 주는 역할을 했다"고 하면서 의사가족공동체로서 정부 규제와 기업의 역할을 객관적으로 평가할 것을 요구했다(村上·蝋山ほか, 1975: 79~95). 무라카미는 일본의 시장경제가 그 후발성 때문에 집단주의와 융합된 독자적인 발전을 이룬 의의를 강조하였고, 이러한 틀을 일본형 복지의 기반으로 제시했다.

'일본형 복지사회론'은 복지국가 비판이라는 점에서는 신자유주의와 공통되지만, 시장주의 개혁보다는 가족을 삽입한 일본적 고용레짐을 통한 '제도 전용'에 중점을 두었다는 점에서 미·영의 신자유주의와는 달랐다. 그리고 1980년대에 실제로 행해진 것을 보면 복지레짐은 삭감되었지만 일본형의 고용유지 메커니즘은 시장원리로 대체되지 않은 채 기본적으로는 유지되었다.

● 국제협조론과 레짐 비판

　복지레짐을 대신하여 가족을 포함시킨 고용레짐이 제창되기는 했지만 그런 고용레짐을 둘러싼 환경도 변하고 있었다. 1980년대에 들어설 즈음에는 특히 지방의 고용유지 틀에 대해서 다양한 비판과 알력이 증폭되었다. 그것은 우선 무역마찰을 계기로 하여 외부로부터의 레짐 비판으로 나타났다.

　서구에는 석유위기를 극복해 낸 일본형 시스템에 대해서 적극적으로 평가하는 견해들이 있었다. 하버드 대학 에즈라 보겔의 저서 『넘버 원 일본: 미국에 대한 교훈』(1979)이 그 대표적인 예이다. 그리고 '일본형 복지사회론'도 그러한 서구의 논조에 호응한 구석이 있다.

　그런데 일본의 경상수지 흑자가 확대되자 무역 불균형 요인을 일본형 시스템에 내재된 구조적인 장애에 있다고 보고 그것을 시정하도록 요구하는 목소리가 점차 커졌다. 1985년에는 나카소네·레이건 회담의 결과에 의거하여 미·일의 MOSS 협의(시장지향형 분야별 협의)가 시작되었고, 유럽 공동체(EC)에서도 '일본문제'가 빈번하게 제기되었다. 고성장 부문의 경쟁력을 더욱 높이고자 하는 행정지도도 비난의 대상이 되기는 했지만, 초점은 보다 경쟁력이 약한 중소 제조업, 농업, 국내의 건설업을 보호하는 다양한 구조에 맞추어졌다. 이러한 비판이 드디어 1980년대 말에 카렐 반 월프렌에 의해서 '일본 이질론'이라 불리는 일련의 담론으로 체계화 되었다(Wolferen, 1989).

이러한 문제에 대처하고자 나카소네 수상의 사적 자문기관 형식으로 마에카와 하루오(前川春雄) 전 일본은행 총재를 좌장으로 하는 '국제협조를 위한 경제구조조정연구회'가 설치되어, 1986년에 보고서(마에카와 리포트)가 발표되었다. 동 리포트는 무역 불균형 확대 요인이 일본의 경제구조 그 자체에 있다고 보고 "우리 나라의 사회경제구조를 국제사회와 조화를 이룰 수 있도록 개혁해야 할 것"이라고 제언했다. 그러나 적어도 정부 주위에서 반복되었던 국제협조론이 나중에 고이즈미 정권이 추진했던 구조개혁에서 보였던 고용레짐에 대한 발본적 개혁을 요구하는 논의로 이어지지 않았다는 점에 주목해야 할 것이다.

마에카와 리포트가 제기한 시스템 개혁은 어디까지나 외부에서 나온 일본 비판에 대응하려는 것이었으며, 구체적으로는 주로 내수확대를 가로막는 유통시스템 개혁을 제시하는 정도에 머물렀던 것이다. 지방의 고용을 유지시키는 공공사업은 내수확대와 '지방의 사회자본 정비'라는 명분을 내세워 적극적으로 확대하도록 요구하였다.

이 점과 관련하여 더욱 주목할 만한 것은 보조금 행정에 대한 비판이 확산되기 시작하고, 제2임조가 철저히 세출 삭감을 하도록 주장하는 와중에 마에카와 리포트가 공공사업에 대해서는 "지방채 활용 등을 통해 지방단독사업을 확대하여 사회자본 정비를 촉진할 것"을 주장하였다는 것이다. 이런 지방단독사업 확대 전략은 도시 신중간층이 고용레짐을 쉽게 파악할 수 없게 하려는 의도를 내포하고 있었다. 이 점에 대해서는 고용레짐의 재편 문제와 관련시켜서 뒤에서 다시 검토하고자 한다.

무역마찰로 야기된 일본형 시스템 비판과 더불어 이 즈음에 국내 논단이나 저널리즘에 의해서 자민당이 지방의 전통적 지지층의 경영과 고용을 보호하는 메커니즘이 밝혀져 비판의 대상이 되었다. 예를 들어 히로세 미치사다(広瀬道貞)는 중앙정부의 보조금이 어떤 식으로 이익유도를 확대시켜 지방분권을 공동화시키고 있는가를 밝혀냈다. 또한, 이시카와 마스미(石川真澄)도 지방에 일거리를 제공하는 공공사업이 집권당의 지지층을 지방에 머물게 하기 위한 메커니즘으로 활용되고 있음을 보여주었는데, 이를 '토건국가'라고 이름 붙였다(石川, 1985: 66; 広瀬, 1981). '일본형 복지사회론'은 복지국가를 비판하기는 했지만 고용레짐 차원의 생활보장 그 자체를 부정한 것은 아니었는데, 이 시기 대외경제마찰이나 국내에서 제기된 비판이 왜곡된 고용레짐의 구조를 부각시켰다.

결국, 이 시기의 복지정치 담론은 한편으로는 '일본형 복지사회론'과 같이 고용레짐과 가족이 복지레짐을 대체하는 것을 정당화하면서, 다른 한편으로는 마에카와 리포트와 같이 환경 변화에 맞추어 고용레짐을 개선하도록 요구하는 것이었다. 이러한 담론은 기본적으로는 심의회 등의 내부 논의에 영향을 주는 '조정적 담론'이었는데, 나카소네 내각의 정치수법에 의해서 유권자에게 직접적으로 전해지는 '커뮤니케이션적 담론'의 역할도 했다. 즉, 나카소네는 심의회이나 사적 자문기관에게 중요한 정치적 쟁점을 다루도록 했고, 거기서 논의된 내용을 대중매체를 통해 흘려보냈으며, 그 답신을 토대로 정책의 타당성을 주장하면서 도시 중간층에게 어필하는 수법을 구사하였다(上西, 1985).

이러한 담론의 영향으로 도시 신중간층, 민간대기업의 봉급생활자 사이에서 고용레짐에 내재된 이권구조를 비판하는 여론이 확산되었다.

2. 복지레짐 삭감

● 증세 없는 재정재건
다나카 내각의 적극적인 재정노선에 대해서 대장성은 국제수지 흑자를 줄여서 엔고현상을 막으려는 의도로 협력하였다. 그러나 그 후의 미키 내각, 후쿠다 내각 하에서도 공채의존도는 높아졌다. 특히, 1977년 봄이후 엔고가 계속되어 국내 경제가 정체되자 재계 등이 재정 개입을 강하게 요구하였다. 또한, 1978년 주요선진국 수뇌회담은 일본에 대해서 세계불황 탈피의 견인차로서 역할을 하라고 요구하면서 내수를 확대하도록 했다. 1978년도에는 1979년도 예산의 세입이 될 법인세 일부를 미리 사용하는 예산편성이 이루진 관계로, 1979년도 당초 예산은 공채의존도가 39.6%나 되었다(財務省홈페이지, 「一般会計公債発行の推移」).

대장성 내부에는 이미 1970년대 후반부터 재원확보 수단으로써 일반소비세를 도입하려는 움직임이 있었다. 그리고 1977년 10월의 정부 세제조사회 중간답신은 일반소비세 도입을 중심으로 하여 증세할 필요가 있다는 의견을 제시하였다. 이 구상을 자민당 간사장이었던 오히라 마사요시(大平正芳)가 지지하였다.

오히라는 1978년 12월에 수상에 취임하여서도 이 입장을 바꾸지 않았고 1979년 1월에 새로운 조세 도입을 각의 결정한 후 10월 총선거에 임했다. 재계도 또한 법인세, 소득세 등의 직접세를 대체할 재원 검토에 적극적이었다. 경제단체연합회(경단련)는 "국민 전체가 넓게 조금씩 부담'하는 일반소비세는 검토해 볼 가치가 있다고 했으며, 경제동우회는 "언젠가 일반소비세는 도입해야 할 것이다"는 입장을 밝혔다(新藤, 1989:184). 그러나 자민당은 총선거에서 패배한 후 내부 파벌항쟁(40일항쟁)을 겪게 되었고, 다음 해에도 항쟁이 재연되어 국회가 해산되고 총선거가 치러지는 와중에 오히라 수상이 급사하였다.

1979년 총선거에서 자민당이 패배한 원인은 분명히 일반소비세 도입에 대해서 유권자가 반발했기 때문이었다. 그래서 1980년 7월에 발족한 스즈키 젠코(鈴木善幸) 내각은 긴축적인 재정운영을 할 수밖에 없었다. 조만간 간접세 도입이 극히 어려워진 상황에서 재정 적자가 계속 늘어나

자, 소신표명 연설에서 스즈키는 공공부문을 개혁하여 재정 적자문제를 극복하겠다고 말했다.

　스즈키 내각에서 행정관리청 장관을 지냈던 나카소네 야스히로는 이러한 재정재건 분위기를 기사 회생의 기회로 삼고자 했다. 1981년 3월에 행정개혁을 추진하기 위해 제2임조가 발족되어, 복지를 삭감하는 중심 무대가 되었다. 같은 해에 법인세가 인상되자 재계는 증세에 대한 반발심을 더해갔다. 그 결과 행정개혁은 세출삭감을 통한 재정재건, 증세 없는 재정재건 쪽으로 방향이 잡혀져갔다.

● 제2임조 답신

　1981년 7월에 제2임조는 제1차 답신(긴급제언)을 발표하였다. 답신은 '행정개혁의 이념과 과제'의 절에서 '활력 있는 복지사회 실현'과 '국제사회에 대한 공헌 증대'라는 두 가지 기본이념을 제시했다. 그리고 복지사회의 형태에 관해서는 '가정, 지역, 기업 등이 중심적 역할을 하는 우리나라의 특성을 앞으로도 발전시켜나가야 할 것이다'고 하여 '개인의 자립·자조 정신에 입각하여 가정과 이웃, 직장과 지역사회의 연대'를 기조로 한 복지 실현을 내걸었다(臨時行政調査会, 1981: 11~12).

　또한 '긴급하게 착수해야 할 개혁방안'으로 복지레짐 삭감을 제시하였다. 의료비와 관련해서는 우선 의료비를 억제하고 국고 부담을 줄이도록 제언하였다. 특히 노인보건의료에 대해서는 같은 해 3월에 이미 후생성이 발표한 '노인보건법안요강'을 참고하여 동 법안을 조기에 제정하여, 환자 일부부담을 도입하고, 지방공공단체가 단독사업으로 시행하고 있던 노인의료비 무료화 조치를 폐지하라고 요구했다. 또한, 공적연금에 대해서는 각 연금제도에 대한 국고 부담 인하, 지급개시연령의 인상, 급여수준 조정, 보험료 인상 등을 검토하라고 요구하였다. 그리고 아동수당에 대해서도 지급대상을 저소득세대로 한정하는 등 발본적으로 개정하도록 했다(臨時行政調査会, 1981:19~20).

인허가 문제에 논의가 집중되었던 1982년 2월의 제2차 답신에 이어서 7월의 제3차 답신(기본답신)에서는 새롭게 국민부담률에 대한 지침이 제시되었다. 국민부담률이란 조세부담과 사회보장부담의 대 국민소득 비율인데, 답신은 그것이 현재의 35%보다 늘어날 수밖에 없는 상황이라고 전제하면서도 50%가 넘는 유럽 국가들의 수준보다는 '훨씬 낮게 유지할 필요'가 있다고 했다(臨時行政調査会:1982, 23).

이러한 주장들의 배경에는 일본의 사회보장이 서유럽과 비교해서 '거의 손색이 없는 수준에 도달했다'고 하는 인식이 있었다. 연금에 대해서는 고령화와 제도성숙으로 인해서 위기 상황을 맞게 될 것이라고 경종을 울리면서 분립된 제도체제를 일원화 할 필요가 있다고 주장하였다. 그러기 위해서 '기초연금'을 도입하여 각 제도의 불균형을 시정하고 장기적으로는 일원화도 염두에 두면서 지급개시 연령을 상향조정하고, 보험료도 개정해야 한다고 했다. 의료비는 본인과 가족 간의 급여율 격차 시정, 의료비 지급방식 재검토 등이 필요하다고 했다(臨時行政調査会, 1982:27~30).

이처럼 제2임조의 일련의 답신은 1970년대 초에 확대된 복지레짐의 모든 영역에 대해 삭감을 요구한 것이었다. 또한, 복지레짐과 비교해 보면 제도개혁에 손을 대지는 않았지만 고용레짐에 대해서도 공공사업을 '전년도 이하로 억제'하라고 요구하였고, 농업보조금, 중소기업 대책비도 절감하라고 요구했다(臨時行政調査会, 1981).

그 후 복지레짐 삭감을 요구한 답신의 내용은 다음과 같이 실행에 옮겨졌다.

●레짐 삭감의 내용
우선 1982년에는 70세 이상 노인도 일부 본인 부담을 하도록 하는 노인보건법이 제정되었다. 본인 부담과 공적 부담을 제외한 보험자 갹출부분에 대해서는 각 보험자가 노인가입률과 관계없이 동일한 비율로 갹출하는 재정조정제도가 도입되었다. 그런데 노인에 대한 보건서비스 확충도 주창되었기 때문에 법률명은 보건법이 되었다.

원래 노인보건법안이 의료비 증가 요인이 되고 있던 행위별 진료비제도를 개정한다는 내용을 포함하고 있었기 때문에 일본의사회가 강경하게 반대하였다. 그러나 최종적으로는 노인병원에 한정하여 정액제 방식을 도입하는 데 그치고, 행위별 진료비제도 방식은 여전히 존속시키는 것을 내용으로 한 법안이 국회를 통과했다(佐口, 1985; 新川, 2005).

의료보험 개혁은 그 후 1984년 건강보험법 개정을 통해 다시 진전되었는데, 진료를 받을 때 피보험자 본인도 10%를 부담하도록 바뀌었다. 또한 같은 해 퇴직자의료제도도 창설되었다. 정년을 맞이하여 피용자 의료보험을 탈퇴하였지만 70세 미만이기 때문에 노인보건제도에는 가입할 수 없는 퇴직자는 국민건강보험에 가입하게 되는데, 이로 인해 국민건강보험제도가 재정적 부담을 안을 수 밖에 없는 상황이었다. 퇴직자의료제도란 그런 60세 이상 70세 미만의 퇴직자를 피보험자로 하는 제도였다. 퇴직자의료제도의 급여율은 80%로 국민건강보험 급여율보다 10%가 높았는데, 그 비용을 국고에서 부담하지 않고 퇴직자의 보험료와 피용자 보험에서 갹출하여 해결하도록 하였다(橫山·多田編, 1991; 早川, 1991).

1985년에는 연금제도가 개정되어 기초연금제도가 도입되었다. 그 목적은 취업구조 변화와 고령화로 위기를 맞게 된 국민연금제도를 제도간 조정과 급여수준 삭감을 통해서 구제하려는 것이었다. 분립된 연금제도의 문제점을 지적한 임조 제3차 답신을 토대로 하여 사회보험심의회 후생연금보험부회간담회는 1983년 7월에 '후생연금보험제도에 대한 의견'을 작성하여, "모든 제도에 동일하게 적용하는 기초적인 연금제도를 창설"하도록 제언하였다. 1983년에는 국가공무원공제조합과 각 공사 공제조합이 통합되었고, 각 지방공무원공제조합의 재정단위도 일원화되었다.

또한, 1985년 4월에는 40년 가입, 월액 5만 엔을 기준으로 하여 국민연금을 후생연금, 선원보험, 각 공제조합과 동일하게 적용하는 기초연금제도가 만들어졌다. 이러한 각 제도에 공통적으로 적용되는 1층 부분의 기초연금에 대해서는 3분의 1이 국고 보조된다. 이에 비해서 소득비례인 2층 부분은 피용자와 고용주 갹출로 충당하며 국고 부담은 없다. 또한, 새롭게 피용자의 배우자도 기초연금을 받을 수 있게 되었다. 구 제도에서는 40년 가입을 조건으로 하여 월액 7만 6,875엔의 연금이 지급되었다는 점을 고려한다면 급여액이 인하된 것이 분명하다(多田, 1994;横山 · 多田編, 1991).

1985년에는 '고율보조금'의 보조율을 삭감하였다. 즉, 중앙정부의 보조율이 절반을 넘어서는 생활보장보조금, 신체장애인보호비보조금, 모자보건위생비보조금 등 41건에 대해서 보조율을 10% 삭감하였고, 지방정부의 부담은 늘렸다.

이상과 같이 급여수준과 국고 부담 인하와 함께 이 시기에 '일본형 복지사회론'이 제창했던 가족주의와 관련된 몇 가지 개혁이 있었음에도 주목하고자 한다. 1979년에는 이전의 노인부양공제에 더하여 소득세에 대해서도 5만 엔의 특별공제가 인정되었다. 이것은 부양관계만을 조건으로 한 세금 공제제도였던 노인부양공제와 달리 동거를 조건으로 함으로써 노부모에 대한 자택개호를 장려하는 것이었다. 1980년부터는 지방세에 대해서도 3만 엔의 특별공제를 인정하였다(堀, 1981:47).

1987년에는 소득세와 개인주민세에 대해서도 배우자 특별공제제도를 도입하였다. 배우자 특별공제에 대해서는 전업주부를 보호한다는 측면보다는 도시 봉급생활자가 느끼는 중세감을 덜어 준다는 측면이 강했다는 견해도 있다(堀江, 2005: 350). 다음 항에서 서술하겠지만, 이 시기 자영업자의 소득신고제도 등과 비교해 볼 때 봉급생활자의 소득세 납부 방식이 불리하다는 문제가 제기되었다.

그런 의미에서는 배우자 특별공제는 '일본형 복지사회론'의 전망에 맞추어 전업주부의 '내조의 공로'을 인정해주는 형태를 취하면서 도시 봉급생활자 가족의 지지를 동원하기 위한 수단이었다고 말할 수 있다. 기초연금의 봉급생활자 배우자의 연금권 도입도 마찬가지이지만, '일본형 복지사회론'을 배경으로 한 전업주부 우대책은 전통적 가족상의 복권이라기보다는 '전형적'인 도시 봉급생활자 가족이 가진 불만을 덜어주려는 대책이었다.

또한, 가족의 양육책임을 강조하면서 아동수당은 불필요하다는 논조가 확산되었으며, 임조 제1차 답신은 '공적 부담은 저소득세대에 한정하는 등 제도를 발본적으로 개정'하도록 제언했다(臨時行政調査会, 1981:20). 그 결과 1985년에는 아동수당의 지급대상을 제3자녀에서 제2자녀로 까지 확대하는 대신에 지급대상은 중학교 졸업 때까지에서 소학교(입학 때까지)로 단축되었다. 부연하자면, 임조 제1차 답신은 보육원의 '신설은 지역의 실정을 고려하면서 전체적으로는 억제'하도록 했다(臨時行政調査会, 1981: 21).

● 복지 삭감은 어떻게 가능했던 것일까

1980년대 복지 삭감은 어떻게 가능했던 것일까.

첫째, 우선 이익정치의 형태라는 점에서 말하자면, 복지레짐의 양적인 확충이 70년대 초엽까지로 늦어진 일본에서는 수익층의 형성, 조직화가 아직 이루어지지 않았으며, 서구 국가들에 비해서 피어슨이 말하는 제도 고착이 약했다는 점을 들 수 있다(제2장 제5절 참조). 미국이나 유럽 국가들과 같이 연금수급자 집단의 정치 조직화도 안 되어 있었기 때문에 고령자 의료를 유료화 한 노인보건법 제정의 정치과정에서도 강력한 저항단체의 역할을 했던 단체는 행위별 진료제도 개정을 반대했던 일본 의사회뿐이었다.

또한, 1970년대 초 복지레짐의 확장은 정권 유지에 급급했던 다나카 내각이 정치 주도로 추진한 것이었으며, 후생성 역시 제도가 유지되는 것을 성익으로 보지 않았다. 오히려 건강보험법 개정에서는 요시무라 히토시(吉村仁) 보험국장, 기초연금제도 도입에서는 야마구치 신이치로(山口新一朗) 연금국장과 같이 제도의 지속가능성이나 부담과 급여의 균일화라는 관점에서 개혁에 적극적이었던 세력은 관료들이었다(Campbell, 1922; 中野, 1992).

둘째, 담론정치라는 점에서 볼 때 재정 재건이라는 구호가 적어도 표면적으로는 정부가 따라야 할 정책 규범으로서 광범위하게 침투되었었다는 점을 들 수 있다. 나카소네 정치는 도시화와 그것이 가져온 자민당의 장기 하락 경향을 주목하면서 도시의 신중간층을 대상으로 담론의 정치를 의식적으로 펼쳤다. 재정 재건의 규범적 정당화뿐만 아니라 복지삭감의 영향이나 부담의 정도에 대한 설명을 불명확하게 하거나 비난을 회피하기 위해 노력했다.

수익자단체의 조직화가 약하다 할지라도, 혹은 '증세 없는 재정 재건'의 규범화가 어느 정도 성공한다고 해도, 복지삭감에 대해서는 당연히 저항이 따른다. 신카와 도시미츠에 의하면, 이러한 저항이나 비난을 회피하는 여러 정치수법이 활용되었다. 예를 들어 행정개혁을 재정 삭감으로 전환하는 '쟁점 재정립'이 이루어졌고, 급여 삭감이나 보험료 인상을 연기함으로써 '정책효과의 가시성 약화'가 꾀해졌다(新川, 2005: 311~312). 좀 더 부연하자면 연금개혁이나 의료제도개혁에서는 보험자 간 재정조정을 주요한 수단으로 함으로써 국고 부담을 억제하면서 국민연금, 국민건강보험 수급자의 부담 증가도 억제할 수 있었다. 이처럼 저항을 분산시킨 수법이 비난회피에 도움이 되었다(早川, 1991).

이러한 비난회피 정치 가운데는 일본형 시스템에 대한 비판을 역으로 이용하는 수법도 사용되었다. 신도 무네유키(新藤宗幸)에 의하면, 히로세 미치사다(広瀬道貞) 등에 의한 보조금 비판이 어느 정도 침투되어 보조금을 활용한 정치적 이익유도가 문제시되자 정부는 정확하게는 국고부담금이라고 할 생활보호 등의 정부 부담에 대해서 '보조금'이라는 이름으로 밀어붙였다. 복지영역에서 고율보조금을 일률적으로 삭감하는 것이 마치 제도의 왜곡된 부분을 시정하는 것처럼 보이게 했다(新藤, 1986).

셋째, 복지레짐은 삭감될지라도 고용레짐을 통한 생활보장은 유지되었다. 원래 '복지 원년'에 확대되었던 복지레짐은 고용레짐으로는 대응할 수 없는 '노인문제'에 대해서 대응하는 것을 주안으로 하였다. 그리고 1970년대 후반에 복지지출이 억제되는 상황에서도 지방의 공공사업은 계속되었다. 고용레짐이 계속해서 도시와 지방의 고용을 안정시킬 수만 있다면 복지레짐 삭감으로 인한 영향은 완화된다. 그 점에 한해서만 본다면 이 시기 복지 삭감은 생활보장의 근원에 까지 영향을 미친 것은 아니었다고 말할 수 있다.

이와 관련하여 복지 삭감이 진행되었음에도 불구하고 이 시기에 지니계수는 크게 변화하지 않았다는 점을 지적하고 싶다. 예를 들어 국민생활기초조사에 근거한 가구 간 연간소득의 지니계수는 1975년부터 1987년까지 0.353에서 0.359로 약간의 변화만 있었을 뿐이다(1987년에 0.16 포인트 상승. 吉田, 1993). 또한, OECD 자료를 보면, 일본의 사회보장지출 신장률이 둔화한 1975년부터 나카소네 정권을 포함한 10년간 일본의 지니계수는 0.14포인트 감소하여, 가구 간 격차가 오히려 줄어들었음을 알 수 있다. 이에 반해서 같은 시기 레이건 개혁을 경험한 미국은 0.27 포인트, 대처 개혁을 경험한 영국은 0.38포인트 지니계수가 상승하였다 (Förster and Pearson, 2002).

3. 세제 개혁

● 세제 개혁을 둘러싼 나카소네 전략

이 시기 복지정치 변화 중에서 이후 일본 복지·고용레짐의 형태에 큰 의미가 있는 것은 세제 개혁이었다. 오히라 내각의 일반소비세 도입 시도가 자민당 지지층을 포함한 각 층으로부터 강한 반발을 받아서 수포로 돌아가자 '증세 없는 재정 재건' 노선이 추구되었고, 복지레짐도 삭감되었다. 그러나 그 후로도 공채 의존 체질로부터 벗어날 가망은 안보였고, 대장성은 다시금 간접세를 도입하기 위해 움직였다.

1984년 10월, 자민당 총재로 재선되어 자신감에 넘쳐있던 나카소네 수상도 세제 개혁을 거론하기 시작하였다. 1980년도 예산 편성 이후 계속되어 오던 제로 실링에 대해서 불만이 커졌고, 가네마루 신(金丸信) 간사장은 공개적으로 '증세 없는 재정 재건'은 불가능하다며, 공공사업비 염출을 위해서 증세를 해야 한다고 주장하였다(金指, 1988: 14~16). 나카소네는 '증세 없는 재정 재건' 원칙을 정면으로 뒤집을 수는 없었지만 1986년 6월, 제2임조의 뒤를 이어받은 행정개혁추진심의회(행혁심)는 최종답신에서 조세부담률 인상을 동반하지 않는 세제 개혁은 증세 없는 재정 재건 노선과 모순되지 않는다고 강조하였다.

그러나 나카소네가 단지 대장성이나 공공사업 족의원에게 끌려 다닌 것만은 아니었다. 나카소네는 세제 개혁을 행정개혁에 이어서 봉급생활자 등 도시 신중간층으로 지지기반을 넓히는 수단으로 이용했다. 도시 신중간층은 상공업자, 농민 등 자영업자와 비교해서 소득파악률이 높다는 점에 대해서 많은 불만을 품고 있었다. 당시 일반적으로 봉급생활자, 자영업자, 농민의 소득파악률이 각각 9, 6, 4라고 알려져서 '구륙사'란 용어가 대중매체에 자주 등장하고 있었다.

원래 특정 집단에 대한 징세를 면제하거나 낮춰 주는 조세 조치는 공공사업이나 보조금 등 세출 면에서의 이익유도와 더불어 세입 면에서의 이익유도라는 성격을 갖고 있다(新藤, 1989: 208~213). 이러한 조세 특별조치는 일본의 '분립된 생활보장'을 구성하는 제도 중 하나라고 말할 수 있다. 예를 들어, 1973년에 도입된 '준법인제도'는 자영업자를 준법인으로 보아 소득세를 계산할 때 수입에서 자신들의 '준급여분'을 제하는 것을 인정한 제도이다.

행정개혁은 세출에 대한 도시 신중간층의 불신을 지렛대로 한 것이었다. 그러한 개혁이 국민들에게 호응이 좋다는 것을 안 나카소네는 이번에는 세입면, 즉 세제에 대한 불신을 지렛대로 한 세제 개혁으로 도시 신중간층의 지지를 끌어모으려고 했다고 볼 수 있다. 나카소네는 점차로 '봉급생활자의 중세감 해소'를 세제 개혁의 주요 목표로 내세웠고, '납세자들이 세제에 대해 발본적 개혁을 요구하는 기세가 강해지고 있다'는 인식을 내보였다(堀江, 2005: 349~350).

게다가 간접세 도입에 대해서는 재정 재건을 요구하는 대장성, 법인세와 소득세 경감을 요구하는 재계라고 하는 원래는 서로 대립하는 위치에 있다고 생각되는 양 부류의 의견이 일치하였다. 대장성은 당시까지 법인세 부담이 외국과 비교해서 상대적으로 높다는 재계의 주장에 대해서도, 봉급생활자가 중세감을 갖고 있다는 주장에 대해서도 반론을 펴왔다. 그러나 대장성은 일반소비세 도입 실패를 경험한 이후로는 간접세를 도입하기 위한 기반을 조성하기 위해서 점차로 재계의 주장을 받아들이게 되었고, 봉급생활자의 중세감을 활용하는 전략으로 옮겨갔다(加藤, 1997: 167~168). 그리하여 조세에 대한 불공평감이 더욱 조장되는 형세가 되었다.

정부가 1986년 2월에 실시한 '조세에 관한 여론조사'에 의하면, 세대주 83.9%가 조세가 불공정하다고 응답하여, 5년 전 조사를 10% 이상이나 웃돌았다. 특히, 봉급생활자 중에서는 88.5%가 불공정하다고 응답했다. 또한, 세대주 51.3%가 '구룍사'라는 용어를 알고 있다고 대답했다(『朝日新聞』, 1986년 7월 28일 자 조간).

● 매상세 좌절로부터 소비세 도입으로

나카소네는 소득세 감세분과 법인세 감세분을 합하면 간접세 증세분과 같다는 것을 강조하면서 당 세제조사회에서 감세를 선행한 후 간접세를 도입해야 한다는 입장을 표명했다. 그러나 불공정하다는 인식이 확산되는 것과 간접세 도입을 지지한다는 것과는 서로 연관성이 없었고, 간접세 도입 지지는 아사히신문 조사(1986년 5월 31일 자 조간)에서는 25%로 증가하는 모습을 보이긴 했지만 여전히 소수파이었으며, 나카소네 자신도 1986년의 중의원, 참의원 동일 선거 직전에 "규모가 큰 간접세는 도입하지 않을 것이다"고 하는 등 말을 바꾸었다.

따라서 동일 선거 후 나카소네는 일단 과세대상을 한정하여 제조업자 매상세로 하는 방향으로 기울었으나, 그것은 경단련이나 안정된 조세기반을 요구하는 대장성의 반대로 사라졌고, 결국은 매상세가 부상하였다. 나카소네 정권은 1986년 말까지 법인세 등의 감세와 같은 수준의 매상세를 도입한다는 대강을 마련하여 1987년 2월에 국회에 제출하였다. 그러나 유통업자 등을 중심으로 매상세 도입 반대가 격렬하게 일어나 동 법안은 3월에 폐기되고 말았다.

나카소네 정권의 뒤를 이은 다케시타 노보루(竹下登) 정권하에서 자민당은 재차 간접세를 도입하려는 움직임을 보였다. 대장성은 소득세의 불공정감을 역으로 이용하려는 전략을 펼쳤으며, 이익집단과 타협의 길을 찾고자 적극적으로 노력했다. 이를 집권당도 환영하였다. 정책안을 조정하는 무대가 정부 세제조사회에서 자민당 세제조사회로 옮겨졌고, 관련 단체 대표를 초청하여 의견을 청취하였다. 그리고 1988년 7월의 국회에 제출된 세제 개혁 6개 법안은 유통업자들의 우려를 불식시키 위해 최대한 배려하고 있었다.

새로운 조세는 부가가치세로서 소비세라 불렸고 세율은 3%로 설정되었다. 유통업자가 소득 포착으로 이어지는 것이라 우려하여 꺼려하는 세액표 방식을 취하지 않고, 장부에 의거한 전단계(前段階) 세액공제 방식이 채용되었다. 면세 한계점을 3,000만 엔 이하로 설정하여 대다수 농민층은 과세를 면하도록 했다. 매상액 5억 엔 이하인 기업은 간이과세제도를 이용할 수 있도록 했다. 한편, 소득세 및 법인세 감세가 동시에 시행되었는데, 그 규모는 정부의 '세제 개혁 요강'(1988년 6월)에 따르면 소득세 감세만 2조 2,550억 엔이었고, 법인세 감세 1조 5,210억 엔 등을 포함시킨다면 소비세 증수보다 많았다(加藤, 1997: 214~222, 新藤, 1989: 217~220).

세제 개혁 법안은 1988년 12월에 국회를 통과하였다. 감세를 선행시 켰음에도 일련의 타협 조치가 대중매체로부터 비판을 받게 되었고, 여론도 크게 실망하였다. 또한 '개인 지향'이 강해진 유권자들은 세제의 전체적인 투명성이나 균형보다도 당장 떠안는 부담의 증가를 더욱 민감하게 인식하였다(小林, 1991: 100). 리쿠르트 사건의 전모가 드러나는 와중에 도입된 소비세는 다음 해 참의원선거에서 자민당이 대패하는 요인으로 작용하였다. 그 점에서 본다면 행정개혁과 마찬가지로 세제 개혁을 도시 신중간층의 지지를 획득하기 위해서 활용하려고 했던 나카소네의 의도가 들어맞았다고 말할 수 없을 것이다. 어쨌든 세제 개혁으로 능력에 따른 부담 구조가 대폭 축소되어 일본의 세제 속에 내재되어 있던 재분배 기능은 축소되었다.

4. 고용레짐의 균열 확대

● 대기업 노사연합의 등장

복지레짐이 삭감되는 와중에 고용레짐이 생활보장 기능을 대체하는 구조는 어떻게 변화해 갔던가? 고용레짐의 한 축이었던 대기업의 일본적 경영은 앞 장에서 살펴본 것처럼 1960년대를 거치면서 확립되었다. 또한, 1970년대 초까지는 춘계임금투쟁이라는 방법을 통해 민간 대기업과 중소기업이나 공공부문 간의 연계도 모색되었다.

그러나 일본 경제가 석유위기에 대처하는 가운데 고용레짐은 크게 변화했다. 일본형 고용레짐의 한 축이었던 일본적 경영은 '감량 경영'이라는 이름 아래 임시공, 사외공, 계절공 등의 비중을 높여, 고용조정 수단으로 활용하였다. 그리고 새로운 ME 기술 도입 등도 이러한 흐름을 부추겼다. 여기서 오늘날까지 이어지는 노동력의 비정규화 흐름이 시작된 것이다.

다른 한편으로 오늘날의 상황과는 달리 이 시기의 민간 대기업은 정규 고용된 기간 노동자에 대해서는 기본적으로 고용을 보장해 주었다. 그 대신에 경우에 따라서는 타 기업까지를 대상으로 하여 파견, 전직 등을 실시하여 이전보다 넓은 틀 속에서 고용확보가 이루어졌다. 어려운 경제 환경 속에서 정규 고용자는 지금까지 이상으로 기업에 의존하게 되었다. 바꾸어 말하면 이러한 기간 노동자의 충성심을 활용하여 일본적 경영은 석유위기에 유연하고 다각적으로 대처할 수 있었던 것이다.

대기업의 노동조합은 점차로 경영의 장기적 안정을 중시하게 되었고, 춘계임금투쟁 등에서도 임금인상 요구를 자숙하게 된다. 한편으로는 이전 춘계임금투쟁 등에서 보였던 저생산성 부문의 중소기업이나 공공부문과의 연계는 약해진다. 이러한 경향은 IMF · JC가 주도가 된 임금 인상 자숙노선이 확산되었던 1975년 춘계임금투쟁부터 명확해졌다.

또한, 대기업 노사는 내외 경제 환경 변화나 산업구조 전환 속에서 정부의 산업정책으로부터 자립도를 높여 갔다. 그리하여 정부의 보호를 요구하기보다는 오히려 그것으로부터 벗어나고자 했다. 그리고 저생산성 부문을 계속 보호한다면 경쟁력이 상실될 것으로 보고 그에 대해서 경계감을 갖게 되었다. 고용레짐 내부에서는 원래부터 존재하였던 균열이 더욱 벌어졌다.

이토 미쓰토시(伊藤光利)는 이처럼 자립도를 높인 민간 대기업 노사를 '대기업 노사연합'이라 불렀다. 이토는 이 시기의 단체조사 결과로부터 개산요구단계에서 로비를 하는 중소기업 단체가 52%에 달함에 비해서 대기업 단체는 25%에 지나지 않는다는 자료를 제시한다. 그리고 대기업 노사가 각각 정책수익단체에서 벗어났기 때문에 제2임조를 중심으로 한 행정개혁에서 '작은 정부'를 내걸 수 있었다고 말한다(伊藤, 1988).

다만, 이러한 신자유주의적인 대기업 노사의 태도만을 보고 이 시기에 이미 고생산성 부문에서는 일본형 고용레짐이 해체되었다고 해석하는 것은 잘못이다. 노사 공동체는 그 자체가 일본형 고용레짐이 만들어낸 것이었다. 산업정책이란 보호가 철폐되었어도 정규 고용자에 관한 한 광범위하게 장기적 고용 관행이 유지되었기 때문에 노사가 함께 '작은 정부'를 요구할 수 있었던 것이다. 따라서 고용보장의 확보에 대한 노동조합의 요구는 변화하지 않았던 것이다(久米, 1998).

1990년대 후반 이후와 같이 대기업 노사의 일체성조차 해체된다면 대기업 봉급생활자 가운데에서도 기업과 별도로 공적 안전망을 요구하는 소리가 커진다. 오늘날에는 일본노동조합총연합회(연합)도 비정규 고용자의 조직화 등, 보다 연대적인 형태의 운동을 지향하고 있다. 이 시기 대기업 노사의 '작은 정부'요구는 그런 의미에서 보면 일본형 고용레짐이 동요하기 시작한 단계에서 나타난 긴장관계를 상징하는 것이었다.

● 나카소네 정권의 딜레마

나카소네 정권은 이러한 대기업 기간노동자를 중심으로 한 도시 신중간층의 지지를 획득하기 위해서 담론정치를 전개하였다. 도시 봉급생활자는 더욱더 강하게 대기업 노사연합에 포섭되어갔기 때문에, 더 이상 다나카 내각 때와 같이 복지레짐의 확대를 환영하리라는 보장은 없었다. 오히려 대기업 노사는 자신들에게 부담 증가로 이어질 수도 있는 사회보장이나 지방에 대한 이익유도를 억제하기를 원했다.

그렇다고는 해도 나카소네 내각은 장관이나 당 집행부의 면모만 보더라도 다나카파와 지속적인 동맹을 통해 지탱된 정권이었음을 알 수 있다(北岡, 1995:204~218). 이러한 밀월관계를 대중매체는 '다나카 야스히로 정권'이라고 표현하기도 했다. 나카소네는 지방에 대한 이익유도를 폐기할 마음이 없었으며, 자민당이 여전히 지방의 이익에 강하게 의존하고 있던 1980년대 후반 상황에서는 어쩔 수 없는 일이기도 했다.

나카소네는 1986년의 중이원, 참의원 동일 선거에서 중의원의석 중 300(나중에 4석 추가) 석을 획득해 대승을 거둔 후, 자민당 전국연수회에서 선거 승리 원인을 설명한 적이 있다. 거기서 그는 "자민당은 지금까지의 단골손님을 잘 모시고, 좌로 날개를 더 넓혀서(중략) 손님을 304명분 획득했다"라고 설명했다. 그리고 '회색 지대' 즉, 도시 신중간층을 획득하는 것에 대한 중요성을 강조하면서도 다른 한편으로는 "단골손님은 상공정책이나 농림어업정책을 통해서 최대한 붙잡는 노력을 할 필요가 있다"고 언급하였다(「戰後日本政治·国際関係データベース」東京大学 田中昭彦研究室).

행정 및 세제 개혁에 대해서도 나카소네가 미·영의 신보수주의 동향, 특히 레이건 정권의 정책을 강하게 의식하고 있었던 것은 사실이다. 그러나 그것은 어디까지나 '지금까지의 단골손님'에 대한 고용과 소득 보장을 전제로 하면서 거기에 접합시킬 아이디어로서였다.

원래 '회색 지대'로부터 지지를 획득하는 정치와 종래형의 이익유도를 양립시키기란 간단하지 않았다. 여기에 다나카 정치의 근본적인 딜레마가 있었다. 도시 신중간층의 불공정감에 대응하기 위한 것이라고 했던 세제 개혁에서도 이전 지지층을 배려해 다양한 타협조치가 취해졌다는 것에 대해서는 이미 앞에서 지적한 바 있다.

다음에서는 특히 '좌로 날개를 넓히는 것'과 지방 고용확보의 가장 큰 축이었던 공공사업 유지를 양립시킨 메커니즘을 중심으로 서술하고자 한다.

5. '보이지 않는' 이익유도로

● 지방단독사업 촉진

여기서 주목할 것은 이 시기 지방의 고용을 지탱해 준 공공사업 시스템에 몇 가지 중요한 변화가 일어났다는 점이다. 1984년에 '마을 만들기 특별대책사업'을 창설하면서 지방채로 재원조달을 하여 자치단체의 단독사업을 확대해가면서 지방채의 원리상환금 일부를 교부세 기준재정 수요액에 포함하는 조처를 하는 방법이 개발되었고, 그 후로 급속히 확산되었다.

이러한 공채모집허가제도 창설 배경에는 지방재정계획의 결산에서 지방단독사업이 철저하게 시행되지 않고 있다는 비판이 높아졌다는 점, 또 독자적인 보조금 규모가 작았던 자치성이 타 성청의 국고보조금과 대항해 가려는 전략이 있었다. 재정재건이 국정 목표가 된 상황 하에서 국고보조금이 늘어나지 않았기 때문에 사업계획이 생각처럼 진행되지 않는 자치단체에게는 교부세 조치가 국고보조금의 보조율보다 유리했기에 환영하였다(遠藤, 1999).

그리고 그 후 같은 조치가 '방재마을 만들기사업'(1986년), '고향 만들기 특별대책사업'(1988년), '지방 특정도로 정비사업'(1992년) 등으로 확대되어갔다. 그 결과 보통건설사업비에 대한 국고보조사업과 지방단독사업의 비율은 1973년부터 1981년 사이에, 도도부현(都道府縣)에서 보조사업이 33.2%임에 비해서 단독사업은 13.1%, 시정촌(市町村)에서 보조사업 30.7%임에 비해서 단독사업은 22.9%였던 것이, 1985년부터 1993년 사이에는 도도부현에서 보조사업 18.0%에 단독사업 32.4%, 시정촌에서 보조사업 6.2%에 단독사업 43.4%로 역전된 모습을 보여주었다(金澤, 2002).

특히 시정촌의 단독사업 재원으로서 지방채가 늘어났다. 일련의 사업에서 큰 역할을 한 지역종합정비사업채를 포함한 일반단독사업채의 비율이 1985년 이후 급증하였고, 1990년에는 지방채 중에서 40%를 점하게 된다. 버블기에는 일반재원 비중도 높아졌지만 버블 붕괴 이후에는 단독사업은 단숨에 지방채 의존도가 높아졌다. 단독사업 재원에서 차지하는 지방채 비율이 1987년에는 28.1%였는데, 1994년에는 46%로 상승했다(町田, 1997).

일반회계상 공공사업관계비나 보조금은 1980년대 후반에도 신장률이 억제되었다. 이것은 제2임조의 제1차 답신(1981년)에서도 제시된 목표였고, 1980년대 담론정치의 논리로 볼 때도 필요한 것이었다. 그러나 이러한 제도형성을 통해서 그 배후에 공공사업을 유지하거나 확대하는 것이 가능해졌다. 소위 '보이지 않는' 이익유도로 전환되었던 것이다. 1985년 '플라자 합의'를 계기로 한 엔고 불황이나 국제협조를 위한 내수확대 요청이 공공사업 실시를 뒷받침하였다. 원래 지방단독사업과 그것을 뒷받침해 주는 교부세를 통해서 가시성을 낮추면서 공공사업을 유지해 가는 전략에는 큰 모순이 있었다. 세제 개혁으로 교부세 재원이 되는 소득세와 법인세 감세를 추진하여, 간접세로 전환하는 방향으로 키를 잡았기 때문이다. 따라서 정부는 1990년대에 들어서 소득세와 법인세 감세로 교부세를 충분하게 확보할 수 없게 되자 자금운영부에서 차용해 오는 교부세특별회계차입금을 부활시켜 교부세 총액을 확보하였다(北山, 2002).

● 공공사업 재편과 재정 투융자

이 시기 공공사업 재편의 큰 특징은 제3 섹터를 사업주체로 하는 민간사업활성형 사업 확대라 할 수 있다. 1986년에 소위 '민활법(민간사업자의 능력 활용을 통한 특정 시설 정비 촉진에 관한 임시 조치법)'이 제정되어 사회자본 정비에 민간사업자 참가를 촉진시켰다. 민간 활력 도입은 제2임조에 의해서 제창되었다. 또한 「마에카와 리포트」에서도 제창되었는데, 공공사업의 기능이나 규모를 크게 바꾸는 것은 아니었다.

민활형 사업 확대를 포함하여 이 시기 공공사업을 확대하는 데 활용되었던 것은 임조노선 하에서 민영화를 통해 공공사업 비용을 만들어내는 수법이었다. 원래 제2임조가 내걸었던 개혁 메뉴 중에서 보호 · 개입 정책의 규제 완화는 진전을 보지 못하고, 일본전매공사, 일본전신전화공사, 일본국유철도 등 3공사 민영화가 제2임조와 나카소네 행정개혁의 상징적인 과제가 되었다(大嶽, 1994: 243~244). 그런데 이 '작은 정부화'를 상징하는 개혁에도 이익유도를 유지하기 위한 통로가 만들어졌다.

1985년에 민영화되었던 NTT 주식의 매각 수입은 최종적으로는 국채 정리에 사용하는 것으로 되었으나 우선은 수익사업, 공공사업, 민간활력사업 등 세 가지 형태의 융자제도가 만들어져 각 사업에 대해서 무이자로 융자해 주었던 것이다(門野, 2002). 1989년도 예산에서 국철 청산사업단 회계에 산입되어 국철 부채를 해소하기 위해 사용되어야 할 신칸센 보유 기구의 수익이 신칸센의 건설자금으로 사용되었던 것도 NTT 주식 매각 이익의 처리와 동일한 성격의 것이라는 지적이 있다(新藤, 1989: 168).

그리고 재정투융자제도는 지방채를 인수함으로써, 혹은 특별회계에 자금을 유입시킴으로써 제도의 가시성을 낮추었다. 구 재정투융자제도의 투융자계획 속의 지방채 인수액은 간이보험 자금과 자금운영부 자금을 합해서 1985년도에서 1990년도 사이에 3조 7,980억 엔에서 4조 1,700억 엔으로 늘어났다. 게다가 같은 시기에 일반회계에서 공공사업 관계비가 6조 3,139억 엔에서 6조 1,306억 엔으로 감소한 것에 비해서 재정투자계획에서 공공사업투자가 중심인 도로 · 운수통신에 대한 투자액은 3조 5,898억 엔에서 5조 4,42억 엔으로 늘어났다. 이런 사실을 밝혀 낸 신도 무네유키가 말하는 것처럼 자민당 정권은 '일반회계로는 작은 정부를 가장하면서 정부금융을 통해서 정치 자원의 확보를 꾀했던 것'이다(新藤, 2006: 122~123; 金子 · 高端編, 2008: 147).

복지레짐 삭감을 정당화한 담론정치는 특히 지방의 고용 유지와 확대를 위한 시책과 양립하는 것은 아니었으며, 고용레짐 그 자체에 대한 비판도 확산되고 있었다. 따라서 이 시기에 행해진 것은 공공사업이나 중소기업금융에 있어서 비용의 가시성을 낮추는 것이었다.

결국, 지방에 대한 이익유도와 고용의 제공이라는 실적을 일부 유권자=도시 신중간층의 시야로부터 차단하는 조치였다. 그것은 앤드류 갬블 등이 비난회피의 정치의 한 형태라고 설명했던 '실적 회피' 전략과 유사하다. 즉, 어떤 지출에 대해서 일부 유권자들의 강한 반대가 예상되지만 정치적으로 볼 때 불가결한 지출일 경우에 그 지출을 잘 알아볼 수 없게 하는 정치이다(Annesley and Gamble, 2004). 도시 신중간층의 환심을 사려고 자영업 및 농업에 유리한 세제를 개정해야 한다고 외치면서도 실상은 제도에 큰 '샛길'을 남겨서 오랜 지지층이었던 유통업자와 타협한 사실에 대해서는 앞에서 언급한 바와 같다.

돌이켜 보면, '보이지 않는' 이익유도의 대가는 작지 않았다. 지방의 단독사업이나 재정투융자, 특별회계 등 가시성이 낮은 제도는 그 재정적 부식도, 이권 증식도 빨랐다. 그리고 숨겨진 차입금과 이권에 대한 반발이 1990년대 후반 이후 '구조개혁' 붐을 뒷받침하게 된다. 공채 모집이 장려된 공공사업을 확대한 많은 자치단체는 그 후 심각한 재정문제를 껴안게 된다. 재정투융자 자금을 활용하여 공채를 모집하여 힘에 부칠 정도로 관광시설을 개발한 유바리 시(夕張市)도 그 한 예였다(金子·高端 編, 2008: 15~16).

제5장

1990년대 후반 이후의 복지정치

고용레짐 해체와 복지레짐 재편

앞 장에서 서술한 것처럼 1980년대 중반부터 지방의 고용유지 틀은 행정개혁이나 재정재건과 관련된 담론과 양립하기 어렵게 되었고, 그 가시성을 낮추는 다양한 조치가 취해졌다. 교부세특별회계 및 재정투융자와 연동한 지방자치단체 단독의 공공사업이 새롭게 지방의 고용을 유지시켜 주었다. 그러나 특별회계나 재정투융자 등 가시성이 낮은 재원에 점점 더 많이 의존하게 되면서 재정규율 역시 약해졌고, 자치단체의 채무나 특별회계의 적자가 비대해졌다. 결국에는 채무나 적자 규모를 숨기기가 어려울 정도가 되었고, 재정투융자나 특수법인을 둘러싼 다양한 이권도 문제시되었다.

'구조개혁'을 요구하는 담론이 확산되었고, 그런 흐름은 고이즈미 구조개혁에서 정점에 달했다. 구조개혁에서는 지금까지 고용레짐을 지탱하면서도 수면 하에 있었던 지방재정과 교부세의 개혁(삼위일체 개혁), 재정투융자제도 개혁(특수법인개혁, 우정 민영화)이 주요한 표적이 되었다. 공공사업은 일반회계 상에서도, 지방단독사업으로서도 억제되었다. 거품 붕괴를 계기로 하여 일본적 경영 신화도 무너졌다.

이렇게 고용레짐의 제도적 기반 그 자체가 해체되어 갔다. 생활보호의 주축이었던 고용레짐이 흔들리고, 가족에 대한 의존도 한계에 다다른 상황에서 의지할 사회안전망도 없어서 실업과 빈곤에 빠져드는 사람들이 늘어났다.

때문에 고용레짐을 대체할 사회안전망은 절실해졌고, 복지레짐 재편과 부분적인 확장도 시도되었다. 그러나 고용의 불안정화 및 비정규화는 보험료와 조세의 부담자를 축소시켜 복지레짐의 지속가능성을 위협했다. 복지레짐에 대해서도 더욱 급여를 억제하려는 물결이 거세졌다.

사람들은 지금까지의 도시와 지방, 고생산성 부문과 저생산성 부문 사이라는 횡적인 분열을 대신하여 지니계수와 상대적 빈곤율 상승에서 엿볼 수 있듯이 격차 확대, 즉 종적인 분열을 인식하게 되었다.

1. '구조개혁'시대

● '정치개혁'에서 '구조개혁'으로

이 시기 담론정치는 1990년대 초 정치개혁 논의가 활성화 된 것을 계기로 시작되었다고 할 수 있다. 그것의 계기는 리쿠르트 사건 발각(1988년)이었다. 이는 신흥기업이었던 리쿠르트사가 민간주도형 도시개발과 민영화된 NTT의 회선 재판매사업 등을 둘러싸고 정계, 재계, 관계의 주요 인물들에게 광범위하게 미공개 주식을 나눠 준 사건이었다.

뇌물수수 사건으로서 규모의 크기는 물론이고, 행정개혁을 추진했던 나카소네 정권의 주요 인물도 관련되었다는 점, '관에서 민으로'를 상징했던 민활형 사업과 NTT를 무대로 하였다는 점에서 더욱 파장이 컸다. 나카소네 정권에 기대를 걸었던 도시 신중간층은 이 사건이 드러나자 크게 낙담하였다. 이어서 도쿄사가와규빈 사건으로 가네마루 신(金丸信)의 탈세 사실이 밝혀졌고, 게다가 그것이 대형 건설사 부정부패와도 연동하면서 '정치개혁' 담론은 더 이상 기다릴 수 없다는 긴박감을 조성하면서 정치과정을 이끌어 갔다(山口, 1993).

'정치개혁' 담론이 확산되는 가운데 정치개혁 관련 법안을 제정하지 못한 미야자와 기이치(宮澤喜一) 내각에 대한 불신임안이 자민당 내의 하타파가 동조함으로써 가결되어 1993년의 정계개편과 호소카와 모리히로(細川護熙) 비자민 연립내각 탄생으로 이어졌다. 호소카와 연립정권하에서는 정치개혁관련 4법안이 제정되어 소선거구비례대표병립제가 도입되었다.

정계 재편 후 정치과정에서는 '정치개혁' 담론이 점차 '구조개혁' 담론으로 전환되었다. 정치개혁 논의가 문제시 한 이익유도 구조는 일본의 생활보장 구조와 관련되어 있으며 정치개혁은 정치만의 문제로 끝나지 않는다. 따라서 이것은 어떤 의미에서는 필연적인 흐름이었다. '구조개혁' 담론이 확산된 배경으로는 크게 세 가지를 지적할 수 있을 것이다.

첫째, 서구, 특히 미국에서 일본형 시스템에 대한 비판이 확산되었다는 점이다. 미국은 이미 1980년대 중반에 대일무역수지 악화 요인을 일본형 시스템에 있다며 비판하기 시작했는데, 이 시기 미·일 구조협의(SII) 및 미·일 포괄경제협의를 통해서 일본 비판의 성격이 질적으로 바뀌었다. 즉, 단지 내수를 확대하라는 요구에서 구조적이고 포괄적으로 제도를 개혁하라는 요구로 바뀌었던 것이다.

둘째, 거품 경제 붕괴가 재정 출동의 필요성을 키워서 잠시 낮아졌던 국가와 지방의 공채 의존도가 다시 급속히 높아졌다. 지방재정의 실질적인 공채의존도(지방채와 교부세 특별회계 차입금의 합계)는 1991년에 6.7%였었는데 1996년에는 18.3%로 늘어났다.

셋째, 일본경제가 장기간 불경기를 벗어나지 못하자 일본형 시스템에 찬사를 보냈던 이코노미스트들의 논조가 바뀌었고, 발본적인 개혁을 주장하는 목소리가 커졌다. 특히 '불가시(不可視)' 성이 높았던 특수법인이나 특별회계와 연관된 이권구조도 저널리즘에 의해서 점차로 들추어지게 되었다. 이노세 나오키(猪瀬直樹)의 『일본국 연구』(猪瀬, 1997) 등이 그 대표적인 예이다. 정치가들 사이에서도 오자와 이치로(小沢一朗)의 '일본개조개혁'이 대표하듯이 정치개혁을 넘어선 '구조개혁론'이 회자되었다(小沢, 1993).

● 구조개혁론의 확산

자민당은 사회당, 신당사키가케와 연립하여 1994년 6월에 정권에 복귀하였지만 1995년 7월의 참의원 선거에서는 득표수에서 볼 때 비례구, 선거구 모두 신진당에게 뒤지고 말았다. 이런 와중에 1996년 1월에 탄생한 하시모토 류타로(橋本龍太郎) 내각은 신진당과 그 해산 후 결성된 자유당의 개혁노선을 의식하여 나중에 '6대 개혁'(금융시스템개혁, 경제구조개혁, 재정구조개혁, 사회보장구조개혁, 행정개혁, 교육개혁)으로 체계화된 구조개혁을 제창하였으며, 여야당 간에 '개혁' 경쟁이 이루어졌다(竹中, 2006).

재정위기나 미국으로부터 외압을 계기로 한 개혁논의는 1985년의 '마에카와 리포트' 때부터 있었다. 그러나 그것은 앞에서 살펴본 것처럼 내수확대의 장애물 제거에 중점을 둔 것으로 일본적 경영과는 양립하는 것이었고, '지방의 사회자본 정비'를 오히려 장려하는 것이기도 했다. 그에 반해서 새로운 '구조개혁' 논의는 일본적 경영과 장기 고용 관행을 뒷받침해 온 금융시스템이나 지방에 이익유도를 할 수 있도록 했던 경제구조, 재정구조 자체를 개혁하는 것이었다. 즉, 고용레짐을 총체적으로 무너뜨리는 것이었다.

나중에 하시모토 비전이라 불렸던 1996년의 자민당 행정개혁본부가 발표한 '하시모토 행정개혁의 기본방향에 대해서'는 제2임조의 행정개혁과의 차이를 강조하고 있다. 즉, '도코(土光) 임조는 재정 재건이라는 과제를 실질적으로 달성하는 것이었다. 그에 비해서 이번 하시모토 행정개혁은 큰 변화를 맞이한 시대 환경에 맞추어 우리 나라가 지금까지 지켜온 가치관과 그에 기초한 시스템을 역사적으로 전환시키려는 것'이었던 것이다.

1997년 11월에 하시모토 내각이 제정한 재정구조개혁법에는 2003년까지 적자 국채 발행을 제로로 만든다는 재건 목표가 명시되었다. 그리고 그것을 위해서 1998년도 공공사업비는 전년도에 대비하여 7%를 삭감하며, 1998년도 사회보장지출은 전년도보다 3,000억 엔 이상을 넘지 않게 한다는 등 세세하게 목표가 설정되었다.

그러나 1997년 후반부터 금융위기와 경기후퇴가 심각해졌고, 1998년 7월의 참의원 선거에서 자민당은 크게 패배하였다. 그 책임을 지고 총사

직한 하시모토 내각의 뒤를 이은 오부치 게이조(小淵惠三) 내각은 재정구조개혁법을 폐기하였다. 그 후 '지금까지 지켜온 가치관과 그것에 의거한 시스템'을 근본적으로 바꾼다는 '하시모토 행정개혁의 기본방침'에서 제시된 과제는 2001년 4월에 수립된 고이즈미 준이치로(小泉純一郎) 내각으로 계승되어 본격적으로 추진된다.

2. '지나친 평등사회론'과 '격차사회론'

● '지나친 평등사회론' 배경

1980년대의 '일본형 복지사회론'은 어느 쪽이냐 하면 정치가나 관료, 연구자 등, 정책결정에 관여하는 사람들 내부에서 이루어지는 '조정적 담론'이었다. 이에 비해서 '구조개혁론'은 '일본형 복지사회론'이 옹호한 고용레짐 그 자체의 해체를 지향한 것이었으며, 시민, 유권자의 마음을 사로잡는 '커뮤니케이션적 담론'의 모습이 강했다.

그렇다면 이 담론은 어떻게 폭넓은 지지를 얻게 되었던 것일까. 단지 미국의 압력과 재정위기가 '구조개혁' 담론의 배경이 되었다고 본다면 상당수의 유권자가 구조개혁에 대해 기대를 걸었던 이유를 설명할 수 없다.

여기서 주목하고 싶은 것은 1990년대 말부터 일본이 '결과의 평등' 사회, 혹은 악평등 사회라는 담론이 확산되었던 사실이다. 예를 들어 1999년에 경제전략회의는 '일본경제 재생의 전략'에서 '규제 및 보호, 남들과 보조를 맞추려는 데만 신경을 쓰는 체질, 호송선단 방식으로 상징되는 과도하게 평등과 공평을 중요시 하는 일본형 사회시스템이 공적 부문의 비대화, 비효율화, 자원배분의 왜곡을 가져왔다'고 지적하면서 '지금이야말로 과도한 규제와 보호를 토대로 한 지나친 평등사회와 결별'해야 한다고 강조했다. 또한, 2000년에 21세기 일본 구상간담회는 '21세기 일본구상'을 발표하여 일본사회가 "결과의 평등에만 지나치게 치중하여 기회의 불평등을 만들어 내었다"고 하며 " '결과의 평등'과 결별하여 '새로운 공평'을 도입해야 한다"고 주장했다.

원래 일본형 고용레짐이 안정적이었던 1980년대 중반조차도 지니계수 등의 객관적 지표를 보는 한 일본 사회가 '지나친 평등사회'이거나 '결과의 평등'을 달성했었다고는 말하기는 어렵다. 게다가 이러한 담론이 확산되었던 1990년대 중반에서 2000년 사이에는 일본의 지니계수가 상승 경향에 있었다(OECD, 2006). 그럼에도 '지나친 평등사회'라는 담론이 어느 정도 침투해 들어 온 배경에는 아마 '분립된 생활보장'의 제도구조와 그것을 전제로 한 담론정치의 축적이 있을 것이다.

카리야 다케히코(苅谷剛彦)의 분석은 그 점을 잘 시사하고 있다. 카리야에 의하면, 일본의 업계나 기업에서 나타나는 처우의 형식적인 획일성으로 말미암아서 '개별 회사, 학교, 업계를 벗어난 곳에 존재하는 보다 큰 불평등의 실태보다도 제한된 경쟁 공간 내에서 나타나는 처우의 극소한 차이'가 문제시 되었다(苅谷, 2001:175). 이 책의 분석틀에 의거하여 말하자면 일본의 고용레짐이 업계 혹은 대기업 공동체라는 '경계'의 내부에서 고용유지에 우선순위를 두고 상대적으로 평등하게 처우를 해왔던 것이 '경계' 간의 격차보다도 강하게 의식되어 왔다는 말이 된다.

이러한 고용레짐의 구조가 이전부터 있었음에도 불구하고 왜 이 시기에 '지나친 평등사회론'이 확산되었던 것일까. 아마 그것은 지금까지 '경계' 내에서 유지되어 온 고용 및 생활보장 구조가 흔들리기 시작한 사실과 관계가 있을 것이다. 이전에 고용레짐이 안정적이었던 때에는 표면화되지 않았던 업계 질서나 처우에 대한 불만이 고용과 승진이 불확실해지고, 다양한 위험에 직면하게 될 때 분출하게 된다. 다른 한편으로는 경계'

의 외부 질서에 대해서도 1980년대 이후 담론정치가 전개되면서 경제 규제와 조세제도가 저생산 부문과 지방을 지나치게 우대한다는 주장이 확산되었다. 이러한 인식은 '재정위기'나 '공무원의 특권'과 관련된 논의와 공명하면서 '구조개혁론'을 뒷받침하는 기반이 되었다.

● '격차론'과 '지나친 평등론'의 기묘한 병존

그러나 신자유주의적인 '구조개혁'이 노동시장의 유동화를 더욱 가속시켜서 각각의 '경계'내에서 보호적 규제의 완화나 노동력의 비정규화가 진행되었고, 대기업 내에서 성과주의적인 노무관리도 확산되었다. 게다가 '경계' 자체가 낮아짐에 따라서 '경계' 간의 격차 실태도 알려지게 되었다. 여기서 '지나친 평등사회론'을 대신하여 '격차 사회론'이 급속하게 확산되었다.

이미 1990년대 말에는 타치바나키 도시아키(橘木俊昭)의 저서『일본의 경제 격차: 소득과 자산을 통해 생각한다』(1998년) 등이 계기가 되어 일본사회의 소득격차 논의가 시작되었는데, 격차 사회와 관련된 담론은 고이즈미 구조개혁이 진행됨에 따라서 일반국민에게 확산되었다. 특히, 고이즈미 정권이 2005년 총선거에서 대승리를 거둔 후에 2006년 1월에 내각부가 '경제적 격차의 동향'이라고 이름 한 관계각료 회의자료를 공개하여 격차를 고령화 진행에 따른 '외관상' 격차 확대라고 한 것, 나아가 2월의 참의원 예산위원회에서 고이즈미 총리가 격차 확대에 대해서 부정인 견해를 표명하면서 "격차가 발생하는 것이 나쁘다고 생각하지 않는다"고 답변한 것 등이 계기가 되어서 반론도 확산되었다. 격차 사회에 관한 책은 많이 팔려 나갔고, 대중매체도 높은 관심을 보였다.

그 후 '삼위일체' 분권 개혁의 진행, 교부세 삭감과 더불어 개인 소득 격차뿐만 아니라 지역 간의 경제 격차도 지적되었다. '격차 사회' 담론이 침투되면서 2007년의 참의원 선거에서는 '생활 제일'을 주창한 민주당이 1인구를 중심으로 압승했다. 필자 등이 2007년 11월에 실시한 여론조사에서는 고이즈미 정권, 아베 정권으로 인해 일본 사회가 어떻게 바뀌었다고 보느냐는 질문에 대해서 복수회답이기는 하지만 64.9%가 '빈부격차, 도시와 지방의 격차가 확대되었다'고 회답했다(山口·宮本, 2008).

그러면 '지나친 평등사회론'이 한순간에 '격차 사회론'으로 바뀌었던 것인가. 상황은 그렇게 단순하지는 않다. 경제재정자문회의의 전문조사위원회가 2005년에 발표한 『일본 21세기 비전』은 격차확대의 요인을 경제가 정체되어 축소되었다는 점에서 찾고, "사회에 비호를 받으면서 노력하기를 포기한 사람들의 비율이 늘어나고 있다"고 하면서 지나친 보호가 격차를 만들어 낸 것처럼 서술하였다.

2007년 참의원 선거에서 대패를 당한 자민당이 다시 지방에 대한 이익배분에 관심을 두는 경향을 보이고 있는데, 평등화로의 전환이 이익유도를 강화하여 이권을 증식시키는 구조는 불식되지 않았다. 결국, 사회적 평등을 많은 사람이 납득할 수 있는 원리에 근거하여 달성하는 구조는 나타나지 않았다. 이런 점이 개선되지 않는 한 '지나친 평등사회론'과 '격차 사회론'이 미묘한 형태로 병존하는 사태가 계속될 것이다. '머리말'과 서장에서 문제시했던 여론의 딜레마가 여기서 나타나며, 정치의 교착 상황으로 이어진다.

덧붙이고 싶은 것은, 이러한 여론의 동요를 증폭시키는 담론정치의 제도적 배경의 변용에 대해서이다. 1990년대 말부터 소선거구제를 축으로 한 선거제도 개혁과 그것에 대응한 자민당·여당의 정권 운영의 집권화와, 대중매체의 대두 등과 관련하여 일본의 정책과정이 변화하고 있다(竹中, 2006; 寺島, 2005). 의원내각제가 원래의(영국형의) 집권적 성격을 강화하였다고 말할 수 있다(飯尾, 2007).

여기서 담론정치는 광범한 유권자를 직접적인 목표로 하였고, 그들에게 효과적으로 침투할 수 있는 전략을 중시하게 되었다. 소선거구제도와 양당제를 축으로 한 영국형(웨스트민스터형)의 의회정치는 집권당 중추의 주도권을 강화하기 위해서 '커뮤니케이션적 담론'이 '조정적 담론'보다도 우위에 놓이는 제도적 조건이었다(Schmidt, 2000). 이것이 일본에서는 '극장 정치'의 대두로 설명되었는데 극장 정치가 비대해져서 여론을 계속 뒤흔들게 되면 극단적인 형태로 사태를 단편화 하는 경향이 더욱 강해질 수도 있다.

3. 고용레짐의 동요와 귀결

● 일본적 경영의 해체

1990년대 중반 이후의 고용레짐은 이상과 같은 담론정치에 영향을 주었고, 또한 담론정치의 영향을 받았다. 대기업의 장기 고용 관행을 뒷받침해 온 조건들이 무너지고 있다. 기업 집단 내부의 주식 상호보유는 경영에 대해서 단기적인 수익을 요구하는 압력을 완화시켰다. 그러나 노무라증권 금융경제연구소 조사에 의하면 약 3천 개 상장 기업의 상호보유비율(상호보유주식의 시가가 해당 주식의 시가 총액에서 차지하는 비율)은 1990년에는 32.9%였으나, 2007년에는 12.3%로 낮아졌다. 고령화 진행으로 일본적 경영을 지탱해 온 젊은 노동력의 유입도 감소하고 있다. 노동력 인구에서 차지하는 44세 이하 근로자 비율이 1980년에는 62%였으나 2000년에는 52.6%로 낮아졌고, 60세부터 64세까지의 근로자는 4.4%에서 6.3%로 높아졌다(少子化白書, 2006).

이처럼 환경이 변화하는 가운데 일경련은 1995년에 리포트『신시대의 일본적 경영』을 발표하여 큰 호응을 불러 일으켰다. 거기에는 '인간 중심

경영', '장기적 시야에 선 경영' 이념은 견지한다고 하면서도 '장기 고용 관행이나 기업 내 복리후생의 대상을 종합직, 관리직 등 중핵 노동자인 '장기 축적 능력 활용형' 그룹에 한정하고, 전문성이 높고 외부 위탁이 가능한 '고도 전문능력 활용형' 및 보다 일반적이고 정형적인 업무인 '고용 유연형' 그룹에 대해서는 기간을 한정한 노동계약을 중심으로 하며, 복리후생도 생활옹호적 시책에 한정하는 구상이 제시되어 있다(新 · 日本 的経営システム等研究プロジェクト編, 1995).

그 후 10년 동안의 동향을 보면 장기 고용 관행은 일정 범위에서 지속되고 있다. 일본은 서구 국가들과 비교하면 경기변동과 실업률 간의 상관성이 약하고 고용조정을 통한 대응을 회피하는 경향이 계속되고 있다. 그 결과 여전히 근속 연수가 길며, 정규고용자인 경우에는 근속 연수에 따라서 임금 곡선이 상승하는 경향을 보이고 있다(『労働経済白書』, 2007년 판). 그러나 경단련이 실시한 '최고 경영자 앙케트 조사'에 의하면 '장기고용자는 핵심 업무직에 한정한다'고 회답한 경영자가 1996년에는 10%도 되지 않았으나 2004년에는 14%로 상승했다.

1999년 12월에는 노동자파견법이 개정되어 그때까지 비서 등 26개 업무로 한정하고 있던 파견노동의 대상 업무가 위험도가 높은 항만, 운송, 건축, 제조업 등을 제외하고는 원칙적으로 자유화되었다. 단순히 정사원을 파견으로 대체하는 상용 대체를 막고자 파견기간의 상한을 1년으로 규정하였고, 이를 넘어서면 회사가 정사원 채용을 제의하도록 의무화했으나 2004년 3월에는 상한이 3년까지로 연장된 데다가 이전에는 금지했던 제조업에 대한 파견도 해금 되었다.

총무성 노동력조사연보를 보면 임원을 제외한 고용자 중에서 '파트·아르바이트·파견사원·계약사원·위탁'을 포함한 비정규 종업원의 비율이 2002년에 이미 남성은 15.0%, 여성은 49.3%가 되었는데, 2007년에는 남성이 18.3%, 여성이 53.5%에 이르렀다. 정규종업원과 비정규종업원의 비율을 전체적으로 보면, 1999년 8월에 74.4% 대 25.6%이었던 것이 2007년에는 66.5% 대 33.5%로 되었다(総務省 홈페이지).

● 지방단독사업 축소

공공사업에 대한 공격은 하시모토 내각의 재정구조 개혁에서 본격화 되었다. 그리고 고이즈미 구조개혁의 지침이 되었던 2001년의 '기본 방침' 제1탄에서는 1980년대의 고용레짐을 뒷받침한 자치단체 단독사업 동원 메커니즘을 포함하여 공공투자의 대 GDP 비율을 인하할 것임을 명확히 했다.

즉, 동 문서는 교부세 삭감과 일련의 '특정 재원' 개정과 더불어 '지방 채 발행을 허가하여 그 상환비용을 다음 연도에 교부세로 조치하는 구 조 등'이 지방의 자주성을 손상하고 있다고 지적했다. 그리고 지방에 대 해서 공공사업의 '수익자 부담'을 요구함과 동시에 제도를 개선해 나갈 것이라고 했다. 「마에카와 리포트」에서 장려되었던 지방단독사업으로서

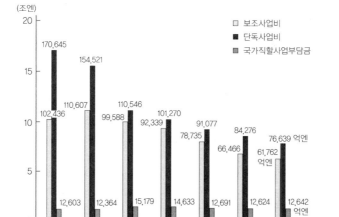

〈그림9〉 시정촌의 보통건설사업비 추이

〈출처〉「지방행정백서」 2007년도 판

공공사업은 여기서 철퇴가 선언되었다.

이와 같은 지침 하에서 진행되었던 공공사업 축소는 다음과 같다. 우선 일반세출상의 공공사업관계예산(재해복구비 포함)은 1998년도 8조 9,853억 엔에서 2007년도 개산에서는 6조 9,473억 엔으로 감소하였다. 도도부현 및 시정촌의 보통건설사업비(보조사업, 단독사업, 정부의 직할사업 부담금을 포함. 재해복구비는 포함하지 않음)의 추이를 『지방재정 백서』를 통해 살펴보면, 그 감소는 더욱 뚜렷한데, 1992년도에 총액 28조 5,684억 엔이었던 것이 2005년에 15조 1,043억 엔으로 감소되었다. 특히 단독사업비는 같은 시기에 17조 645억 엔에서 7조 6,639억 엔으로, 10조 엔 가까이 줄었다(<그림9>). 2001년부터 2003년 사이에 50% 이상의 시구(市區)에서 보통건설사업비가 20% 이상 삭감되었다(內閣部 홈페이지).

● 소득격차와 지역격차

일본의 고용레짐은 그 상징적인 축이라고 할 만한 '일본적 경영'과 '토건국가'가 동시에 축소되면서, 해체되고 있다. 또한, 2000년 6월에는 대규모 소매점포법이 폐지되어 중소영세업자 보호보다도 생활환경 보전과 개선을 목적으로 한 대규모 소매점포입지법이 시행되었다. 또한, 2004년 4월에 시행되었던 구조개혁특구제도도 지역의 규제 완화를 촉진했다.

일본에서는 고용레짐이 복지레짐을 기능적으로 대체하고, 세제 개혁을 통해서 능력에 따른 부담을 억제했기 때문에 복지국가로서 소득 재분배 기능은 한정적이다. 그 때문에 고용레짐의 해체는 격차 확대를 야기하고 있다.

OECD가 집계한 일본의 지니계수는 2000년 단계에서 0.314이었고, 가맹국 평균을 처음으로 웃돌았다(OECD, 2006). 지니계수 상승은 고령화 진행에 따른 것이라는 견해도 있지만, 조사대상자 중에 젊은 층이 비교적 많은 전국소비실태조사자료를 통해 세대인원수를 고려하여 세대소득을 세대인원의 평방근으로 제한 평균 등가가처분소득의 지니계수를 국제비교 한 총무성 통계국의 자료에서도 일본의 지니계수는 앵글로색슨 국가들보다는 낮지만 여러 유럽 국가를 제치고 상승하고 있다. 18세부터 65세까지의 노동연령인구의 상대적 빈곤율이 상승하고 있다는 사실도 동시에 주목할 필요가 있다. OECD 통계로는 노동연령인구의 상대적 빈곤율은 이미 2000년에 일본은 13.5%로 17개 국가 중에서 미국 다음으로 2위를 차지하고 있다.

격차의 구조를 보면, 지역 간 경제격차와 젊은 세대 간의 소득격차가 동시에 확대되고 있다. 진노 나오히코(神野直彦) 등이 집계한 바로는, 시정촌의 납세자 평균소득의 격차가 1999년에는 3.4배였는데 2004년에는 4.5배로 확대되었다(『每日新聞』, 2007년 12월 4일 자 조간). 삼위일체 개혁의 흐름 속에서 교부세 삭감이 진행되었고, 소득격차가 자치단체 조세수입 격차로 이어졌다. 도도부현의 1인당 조세수입격차는 2003년의 2.9배에서 2005년의 3.2배로 확대되었다. 조세수입 격차는 서비스 격차와 연동한다. 재정기반이 약한 곳일수록 서비스 범위가 한정되고, 자기 부담이 많아지는 경향을 보이고 있다. 도쿄 가츠시카구(葛飾區)의 보육료(3세 미만 유아, 중간액)에 비해서 유바리 시(夕張市)의 그것은 배 이상이나 된다.

1장에서 살펴본 것처럼 일본형 복지ㆍ고용레짐은 원래 현역세대의 취업이나 생활을 지원하는 '인생 전반부의 사회보장'(広井, 2006)이 빈약했다. 한정된 규모의 사회보장지출은 대부분 고용레짐과 가족에 의존할 수밖에 없는 인생 후반부의 연금과 의료에 배분됐다. 1970년대 초의 복지레짐 확대에 즈음해서 노사가 공동투쟁하여 연금의 급여수준 인상을 요구했던 것을 떠올려 보기 바란다.

원래 이러한 조건에 더하여 보육이나 일자리 지원 등의 서비스가 저하되거나 자기 부담이 높아지거나 하면 젊은 세대나 가족으로부터 지원을 기대할 수 없는 독신 가구의 소득 격차에 영향을 준다. 시라하세 사와코 (白波瀨佐和子)가 밝힌 것처럼 세대주의 연령별 지니계수를 보면 고령 세대의 격차는 오히려 완화되고 있음에 반해서 젊은 세대 혹은 독신 가구에서는 확대되고 있다(白波瀨, 2006).

4. 복지레짐 재편 I –억제와 삭감

● 복지레짐 재편의 두 흐름

1990년대 후반부터 복지레짐도 재편된다. 인구의 고령화, 가족의 변용, 생활방식의 변화, 거품 붕괴 후 경제회복의 지연 등이 그러한 재편 과정을 가속시켰다. 복지레짐 재편은 단순한 지출규모의 억제나 프로그램 삭감에 머무르지 않고 레짐의 형태 자체와 관련되었다. 그리고 그 과정은 몇 가지 담론이나 조류가 상호 병행하고 대립하였으며, 또한 서로 침투하면서 전개되었다. 일본도 예외가 아니었으며 다양한 흐름들이 있다. 그러나 크게 나누어 보면, 복지레짐 재편의 저변에는 다음과 같은 두 가지 흐름이 있다.

첫째, 재정 압박을 강조하면서 급여 수준 억제와 자기 부담 확대를 추진하는 흐름이다. 연금, 의료와 관련된 제도개혁은 기본적으로는 이러한 성격을 보였다. 또한, 생활보호나 아동부양수당과 관련하여서는 미국이나 영국의 복지개혁의 영향을 받아서 공적 복지에 대한 의존이 억제되었고, 자립과 자조를 강조하는 경향도 강했다.

둘째, 보다 보편주의적인 제도로 전환하는 흐름이다. 일본의 생활보장에서는 고용레짐의 역할이 컸고 복지레짐의 규모는 제약되었으며, 특히 사회서비스에 대해서는 일부 빈곤층에 초점을 맞추는 선별주의적 발상이 강했다. 그런 하나의 예가 사회서비스 제공을 행정처분으로 대응한 조치제도였다. 이와 반대로 보편주의라는 것은 북유럽 등에서 나타나는 것처럼 모든 사람을 사회보장과 복지의 대상으로 간주하는 사고방식이다.

복지국가 재편의 형태와 관련하여 두 가지 흐름을 구별하였는데, 실제로는 양자는 상호 얽혀져 있다. 보편주의적인 제도로 전환을 추진하는 흐름은 제2임조 스타일의 복지삭감에 대항하려는 움직임에서 비롯되었는데, 조급하게 서비스의 공급 총량을 증대시키는 데에 중점을 두어 민간 영리조직을 서비스 공급자로 끌어들였고, 이용자의 자기 부담 도입을 허용했다. 그러나 보험료와 이용료 등의 자기 부담분이 늘어나게 되면 그런 부담을 감당할 수 없는 저소득층이 배제되어 실질적으로는 공적 급여가 억제되어 보편주의로의 전환이 형식적인 것이 될 우려가 있다. 그 결과 제2의 흐름이 제1의 흐름과 유사해진다.

반대로 '자립 지원'이라는 목표가 보편주의적 입장에서 추구되는 경우도 생각할 수 있다. '자립 지원론'은 그것을 명목으로 생활보호나 아동부양수당의 급여를 억제하려는 경우가 많다. 즉, '작은 정부'를 지향하는 급여 억제론과 동일 선상에 있는 것이다. 그렇다고 해서 '자립 지원'이라는 목표 자체가 급여 억제론과 불가분한 것은 아니다. 북유럽과 같이 적극적 노동시장정책을 체계적으로 펼쳐서 일자리 지원에 예산을 사용하는 경우에는 보편주의적인 성격을 띠고 있는 '사회적 포섭론'이나 남녀 공동참여론 등과 겹치는 부분이 있다(宮本, 2006b).

● 연금의 제도 개정
제1의 흐름, 즉 사회보장의 급여수준 삭감, 혹은 급여조건 억제 흐름을 연금, 의료를 중심으로 살펴보고자 한다. 연금은 기초연금을 도입한 후, 1989년 봄 국회에 후생연금의 지급개시연령을 상향 조정하는 내용을 포함한 연금제도개정법안이 제출되었는데, 소비세 도입 문제로 국회가 혼미를 거듭하여 다음 회기로 넘겨졌다. 같은 해 7월에 치러진 참의원 선거에서 자민당은 패배하였다. 우노 소스케(宇野宗佑) 내각을 이어받은 카이후 도시키(海部俊樹) 내각은 12월에는 철도공제연금을 피용자연금 상호간 재정조정을 통하여 구제하기로 결정하였으나, 지급개시연령의 상향 조정은 야당의 저항으로 연기되었다.

후생연금의 지급개시연령을 65세로 끌어올리는 것은 1994년 11월에 자사사(자민당 · 사회당 · 사키가케)연립의 무라야마 도미이치(村山富一) 정권하에서 결정되었다. 남성은 2001년부터 3년마다 한 살씩 상향조정하고, 여성은 남성보다 5년 늦추어서 조정해 가는 것으로 결정되었다. 이에 대응하여 60세에서 65세까지의 연령자에 대해서는 부분 연금이 도입되었다. 또한, 60세에서 64세까지의 재직 노령연금을 개정하여 이 연령대의 노동의욕을 높이도록 임금과 연금의 합계가 임금 증가로 인해 감소되지 않도록 했다. 1999년에는 보수비례부분에 대해서도 지급개시연령을 65세로 하였다.

연금급여를 억제한 또 하나의 조치는 2004년 고이즈미 정권 아래에서 이루어진 연금개혁으로 보험료 고정방식이 도입되었다. 이것은 5년마다 재정 재계산을 하여 조정하는 형태를 바꾸어 보험료를 정한 뒤 그 보험료 틀 내에서 급여를 물가, 인구, 평균수명 등을 고려하여 결정하는 것이다. 이를 위해서 '거시경제 슬라이드'라는 조정 메커니즘이 도입되었다. '거시경제 슬라이드'란 물가상승률에서 인구(공적연금피보험자수 감소율)와 평균수명의 신장률을 제하여 급여액을 결정하는 것이다.

후생연금의 보험료는 2004년 8월까지는 13.5%이었지만 점차로 인상되어 2017년에는 18.3%가 되어 고정된다. 소득대체율은 후생노동성 산정에 의하면 2023년에는 전업주부를 포함한 '표준 세대'의 경우 2004년도에 59.3%였던 것이 50.2%로 낮아지는데, 실질가치로 보면 15% 정도 낮아지는 것이다. 그러나 이 계산의 전제인 0.9% 슬라이드 조정률에 대해서는 너무나 낙관적인 수치이라는 지적이 있다.

● 의료제도 개혁

1984년에 본인 10% 부담이 도입된 건강보험제도는 그 후 1997년 9월에 법 개정이 이루어져 피보험자의 창구부담이 10%에서 20%로 증액되었다. 또한, 노인보건제도도 외래, 입원 모두 자기 부담이 늘어났다. 자사사 연립정권하에서 기초연금 지급개시연령이 상향 조정되었고, 의료도 사회당(1996년 3월부터 사회민주당)이 여당이 된 관계로 정치적으로 큰 저항이 없이 급여 삭감이 이루어졌다.

고이즈미 정권하에서 2003년부터 20%이었던 피보험자 부담이 가족의 입원 부담 등과 함께 30%로 인상되었다. 또한, 70세 이상 노인의 입원, 외래 부담은 1984년 입원 1일 300엔, 외래 400엔에서 조금씩 인상되어, 2002년 10월에는 10% 정률부담으로까지 인상되었다. 현역과 동등한 소득을 가진 부부 2인 가구 노인은 20% 부담을 하게 되었다.

2005년 12월에는 정부 · 여당 의료개혁협의회가 '의료제도개혁 대강'을 확정하였다. 대강은 2006년 10월부터 70세 이상으로 현역과 동등한 소득이 있는 사람들의 창구부담을 20%에서 30%로 인상하고, 2008년부터는 자기 부담 10% 노인도 20% 부담으로 인상하는 것으로 결정하였다. 부담 한도액도 더욱 상향 조정되었다. 또한 2008년부터는 노인보건제도를 대신하여 75세 이상을 대상으로 하는 새로운 고령자 의료제도를 창설하는 안 등이 제시되었다. 이러한 것들의 전제가 된 것은 2025년에 고령화 진행으로 의료비지출이 56조 엔에 달한다는 전망과, 대강과 같이 개혁하게 되면 그 지출을 49조 엔 이하로 억제할 수 있다는 추계이었다. 2006년 6월에는 이 대강을 토대로 하여 의료제도개혁관련법이 제정되었다.

이에 대해서 고이즈미 구조개혁의 사령탑이었던 경제재정자문회의는 더욱 시장주의적인 방향으로 공적건강보험제도를 삭감할 것을 요구하였다. 예를 들어 2001년의 '기본 방침' 제1탄에서는 '의료기관 경영의 근대화·효율화'를 명목으로 주식회사 형태로 의료기관을 운영할 수 있도록 해야 한다고 제창하였다. 또한 '공적건강보험의 수비 범위 개정'이라는 이름으로 소위 혼합진료 규제를 완화하라고 요구하였다. 또한 2005년의 '기본 방침'에서는 사회보장비 증가를 '거시 지표' 틀에서 벗어나지 않도록 억제할 것을 제안하면서, 그 지표로서 GDP 성장률에 고령화 진행 정도를 가산한 '고령화 수정 GDP'를 제시하였다.

적어도 현재까지는 이와 같은 철저한 시장주의적 개혁은 실현되지 않았다. 그래도 일련의 자기 부담 인상으로 지금까지 국민 모두가 비교적 쉽게 접근할 수 있었던 일본의 의료서비스가 변화하고 있다. 국민의료비에서 차지하는 자기 부담비율이 1984년의 11.6%에서 2003년에는 15.7%로 늘어났다. 저소득자의 소득에서 의료 관련 지출이 차지하는 비율도 증대하였고, 역진성도 영국 등보다도 높아졌다(遠藤, 2007).

● **워크페어 개혁**

급여억제 흐름은 공적 부조와 장애인복지 영역에서는 취로자립과 자조를 요구하는 담론과 연결되어 있다. 그것은 '자립 지원'이라는 이름을 빌린 제도개혁이 이 영역에서 계속 이루어지고 있는 것을 보면 알 수 있다. 이것은 미국이나 영국 등에서 추진됐던 워크페어(Workfare) 계보에 속하는 개혁이라고 말할 수 있다. 워크페어란 사회보장에 대한 '의존' 해소를 기치로 하여 복지급여의 대가로 취로를 요구하는 이념이다. 각국의 복지국가 재편 정치에서는 노동시장의 유동화로 인해 장기 실업자와 공적 부조 수급자 증대가 구조적인 문제로 부상하여 그것에 대처하려는 와중에 워크페어 이념이 확산되었다.

워크페어는 보육서비스 등을 포함하여 충분한 취로지원이 이루어져 임금수준 등 노동에 대한 대가가 확보된다면 진정한 자립으로 이어질 수 있다. 그러나 각국의 현실을 보면 워크페어가 단지 복지급여 억제를 위해서 이용되는 경우가 다반사다. 워크페어는 중간층 납세자로부터 사회보장정책에 대한 지지를 얻는 수단이라는 성격을 가지고 있다. 사회보장지출이 선별주의적이고 빈곤층에 집중되는 경향이 강할 경우에는 여러 위험에 직면해 있는 납세자는 불만을 품게 된다. 그런 경우 수급자의 취로자립을 의무화 한다면 납세자의 지지를 얻기가 용이해진다(埋橋, 2007; 宮本, 2004).

일본에서 행해지는 워크페어적 개혁을 살펴보도록 하자. 2002년에 후생노동성은 '모자 가정 등 자립지원대책 대강'을 수립하였고, 모자 및 미망인 복지법과 아동부양수당법이 개정되었다. 새로운 아동부양수당법에서는 '아동부양수당을 지급받은 어머니는 스스로 자립을 도모해야 한다'는 제2조가 부가되었고, 지급이 5년 이상 계속되면 수당의 일부를 지급하지 않는다는 내용이 삽입되었다. 2002년에는 '노숙자 자립 지원 등에 관한 특별조치법'이 제정되어 정부의 종합적 시책과 더불어 노숙자 자신의 자립 노력이 요구되었다.

지금까지 선진국 중에서는 드물게 생활보호 수급자가 인구의 1% 이하였던 일본에서도 수급 가구가 100만 가구를 넘어서는 가운데 2005년에는 생활보호기준이 개정되었고, 영국의 복지 뉴딜 프로그램 등을 모델로 하여 '생활보호 자립지원 프로그램'이 도입되었다. 생활보호 자립지원 프로그램이란 복지사무소와 공적 직업소개소 간에 연계를 강화하여 노동 능력이 있는 생활보호 수급자에게 취로지도와 상담을 해 주는 것이다. 2006년 4월부터는 장애인 취로와 자립을 촉진하기 위한 장애인자립

지원법이 시행되었다.

　미국이나 영국의 워크페어는 직업을 구하지 못하거나 직업훈련 프로그램 참가를 거부하거나 하면 보호를 정지하는 징벌적인 성격을 갖고 있다. 일본에서는 아직까지는 일련의 시책들은 공적 부조의 수급권을 정지하는 정도까지는 가지 않았다. 그 점에서만 본다면 미국과 같은 강압적 워크페어와는 다르다고 하겠다. 다만, 2006년 10월에 발표된 전국지사회, 시장회가 구성한 새로운 사회안전망 검토회의 보고서가 현역 세대의 수급 기한을 5년으로 하자는 제안을 하는 등, 미국식 개혁을 모방하여 더욱 강압적인 워크페어를 추진하려는 움직임도 나타나고 있다.

5. 복지레짐 재편Ⅱ-보편주의적 개혁

● 보편주의적 개혁의 원류

　제2의 흐름은 이제까지 대상을 일부 빈곤층으로 한정하는 선별주의적인 경향이 강했던 일본의 복지레짐을 모든 시민을 대상으로 하는 보편주의적인 방향으로 전환시키려는 흐름이다. 여기서는 이러한 흐름을 ①보편주의적인 개혁의 원류, ②개호보험과 사회복지 기초구조개혁, ③남여공동참획이라는 세 가지 관점에서 개관하고자 한다.

　보편주의적 개혁의 흐름은 원래 제2임조가 추진한 복지레짐 삭감노선과 거리를 두려는 당시의 후생성과 일부 연구자의 개혁구상에 기인하였다. 그 부분에 대해서는 당시 그러한 전략 구상에 중심적으로 관여한 바 있는 미우라 후미오(三浦文夫)의 회고를 통해 살펴보고자 한다.

　미우라는 제2임조의 제1차 답신에 나타난 복지이념, 즉 복지정책의 대상을 '진정으로 구제가 필요한 자'에 한정하는 선별주의적 원리를 '너무나도 소극적이며 시대착오적'이라고 비판했다(三浦, 1995: 144~146). 그리고 복지개혁에는 또 다른 흐름이 있음을 강조한다. 그것은 1976년 4월의 사회복지간담회 '앞으로의 사회복지'에서 시작되어 1986년 5월의 사회복지 기본구상간담회 '사회복지개혁의 기본구상'로 이어지는 흐름이다. 이 조류는 구빈적 선별주의에서 벗어나 사회보장의 중점을 '화폐적 수요'에 대응한 현금 급여에서 '비화폐적 수요'에 대한 서비스공급으로 이동시켜 지역사회를 중심으로 전개하려고 하는 것이었다. '빈부와 상관없이 수요에 따라서 누구나가 필요한 서비스를 받을 수 있는 체제'를 지향하는 '보편주의적 복지'를 목표로 하였다(三浦, 1995: 247~258).

앞에서 언급한 것처럼 1985년에 소위 고율보조금을 일률적으로 삭감하였는데, 사회복지 기본구상간담회는 이러한 삭감을 격렬하게 비판함과 동시에 중앙정부와 지방의 사회복지에 대한 부담을 조정할 것을 제언하였다. 그 연장선에서 1989년에는 복지관계심의회 합동기획 분과회의가 '장래 사회복지에 대해서'를 발표하였는데, 거기에는 복지서비스의 '일반화, 보편화'나 시정촌의 역할 중시, 주택복지의 충실 등, 분권적이며 보편주의적 복지 지향이 명확히 나타나 있었다.

● 고령자복지와 개호보험
앞 장에서 서술한 것처럼 1988년의 소비세 도입은 그 자체로서는 조세의 재분배기능을 약화시키는 것이었으나, 보편주의적인 개혁 노선에 큰 기회를 제공하기도 했다. 소비세 도입 자체가 야기한 반발과 리크루트 사건의 진상이 드러나고, 쇠고기·오렌지 자유화로 전통적인 지지층이었던 생산자가 떨어져 나가는 와중에 치러진 1989년의 참의원 선거에서 우노 정권은 참패를 당했다. 그 뒤를 이어 받은 카이후 내각에서 자민당과 대장성은 다음 해 총선거를 앞두고 소비세를 정당화할 필요가 있었다. 그때 부상한 것이 소비세를 고령자 문제에 대처하는 데 사용할 재원으로 위치 지우자는 논의였다. 마침 많은 사람이 고령화나 개호 문제에 깊은 우려와 관심을 갖고 있었다. 존 킹던에 견주어 말하자면, 여기서 고령화라고 하는 '문제', 보편주의적 복지라고 하는 '정책' 아이디어, 그리고 소비세 도입을 계기로 하는 '정치적 기회'의 찬스라는 세 흐름이 만나 '정책의 창'이 열리게 되었던 것이다(Kingdon, 2003: 165~179).

당시 하시모토 류타로 대장성 장관 주도 하에 소비세의 사용처로서 고령자복지 확충이 내세워진다. 후생성은 같은 해 12월, 대장성, 자치성과 합의하여 '고령자보건복지 추진 10개년 전략'(골드 플랜)을 수립하였다. 이것은 고령자개호서비스의 대폭적인 확대를 지향하는 것이었는데, 예를 들어 1989년 말에 3만 1,000명이었던 가정봉사원(Home helper) 수를 10만 명으로, 약 4,300상이었던 단기노인위탁사업(Short stay)를 5만 상으로, 1,080건이었던 주간보호시설(Day center)를 1만 건으로 늘리는 것을 목표로 하였는데, 후생성 추계에 의하면 10년간 6조엔 정도가 소요되는 사업규모였다.

이 골드 플랜을 달성하기 위해서 1990년에 정부는 '노인복지법 일부 등을 개정하는 법률'을 제정하였고, 시정촌에 '노인보건복지계획' 수립을 의무 지웠다. 이 법률은 고령자, 장애인, 아동, 과부 등의 복지서비스에 관한 조치 권한을 시정촌으로 이양하여, 복지의 분권화를 크게 진전시키는 역할을 하였다(三浦, 1995: 301; 吉川, 1997: 141~144; 衛藤, 1995).

1993년의 호소카와 연립정권 탄생을 거치면서 고령자복지서비스는 개호보험 도입이라는 방향으로 나아갔다. 개호서비스 제공을 사회보험을 통해서 달성한다는 아이디어 자체는 이미 1990년대 초 후생성 내부에서 유력한 선택지로 부상하였고, 내부 연구회가 그 골격을 만들었다.

1994년 2월 3일 미명에 호소카와 수상은 갑작스럽게 기자회견을 열어 고령자복지를 소비세를 인상할 수 있는 돌파구로 보고 있던 대장성의 의향 등을 반영하여 소비세를 7%로 인상하면서 그 이름을 '국민복지세'로 바꾼다는 구상을 밝혔다. 이 발표는 연립정권 내부와 여론으로부터 강한 반발이 일어나는 바람에 철회되지만, 기자회견에서 언급한 '복지 비전'은 다음 달에 '21세기 복지 비전'이라 하여 발표되었다. 새로운 개호 시스템 구상이 이 문건에서 처음으로 언급된다.

'21세기 복지 비전'은 각 시정촌의 노인복지계획 목표 수치에 미달하였던 골드 플랜의 목표치를 더욱 높여 '신 골드 플랜'을 수립할 것, 자녀 양육지원 방안을 정비하여 '엔젤 플랜'을 수립할 것을 제창하였다. 또한 '신 골드 플랜'과 연계시켜 '국민 누구나가 가까운 거리에서 필요한 개호 서비스를 쉽게 받을 수 있는' 개호시스템을 구축할 필요가 있다고 했다.

이와 같은 개호시스템에 '공적 개호보험'이라는 용어가 삽입된 것은 사회보장제도심의회가 1995년에 발표한 '사회보장체제의 재구축'에서였다. 이 문서는 일본 사회보장제도의 기본설계에 관여해 온 심의회가 보편주의적인 사회보장 이념을 전면에 내세웠다는 점에서 의미 깊은 것이었다. 회장이었던 스미야 미키오(隅谷三喜男)의 회고에 의하면, 이 권고의 배경에는 '임조 등에 맞서기 위해 정부에 제대로 된 권고를 제출해야 한다'(社会保障制度審議会事務局編, 2000: 33)는 문제의식이 있었다.

이 권고는 사회보장제도의 원칙 중 하나로서 보편성을 내세웠는데, 그것이 공평성, 종합성, 권리성, 유효성과 함께 사회보장제도의 추진 원칙이라고 설명했다. 나아가 사회보장과 경제성장과의 상승적인 관계를 강조하여, '(사회보장을 위한) 사회적 경비는 활력 있는 사회를 만들기 위한 불가결한 부담'이라고 했다. 또한, 공적 부담을 억제하면 사적 부담, 기업 부담이 늘어나게 된다고 주의를 환기시켰다.

이 1995년 권고에 공적 개호보험이 삽입된 것은 '후생성이 조용히 추진하고 있던' 개호보험 구상을 한발 앞서 발표하려는 목적 때문이었다(社会保障制度審議会事務局編, 2000: 45). 그 후 후생성에 우호적인 인

사들을 중심으로 1994년에 설치되었던 「고령자자립지원시스템검토회」의 보고서가 자립 지원, 이용자 본위, 고령자 본인의 선택 등을 골자로 한 제도 이념을 밝히게 된다.

이것을 계기로 노인보건복지심의회는 개호보험제도의 세부사항을 검토하였고, 제도의 체계가 마련되었다. 자민당이 사회당, 사키가케와 연립하여 정권에 복귀하는 와중에 노인보건복지심의회는 자민당을 대신하여 실질적인 조정 역할을 하게 되었다. 가족의 역할을 강조하는 자민당 보수파 저항으로 인해 논의가 난항을 거듭했으나 개호보험법은 드디어 1997년 12월에 성립되었다(衛藤, 1998).

● 사회복지 기초구조개혁

개호보험제도의 성립을 전후로 하여 사회복지 기초구조개혁 움직임이 확산되고 있었다. 사회복지 기초구조개혁이란 개호보험이 추구하는 보편주의적 개혁을 사회복지제도 전반으로 확대하여 조치제도를 전제로 하여 만들어진 복지 제도를 발본적으로 개혁하려는 것이다. 즉, 한편으로는 다양한 서비스공급자가 사회복지사업에 참가하도록 촉진하면서 개호보험처럼 조치에서 이용으로 전환하는 흐름을 정착시킨다. 다른 한편으로는 민간 공급자의 서비스 질을 유지하면서 이용자의 권리를 옹호하기 위한 체제를 정비하기 위해서 사회복지법인 설립이나 경영, 사회복지사업의 범위 확대, 서비스 이용자의 후견이나 고충처리의 체제를 정비하는 것이 그 목표였다.

사회복지 기초구조개혁의 움직임은 후생성 사회·원호국을 기점으로 하여 1997년에 '사회복지사업 등의 바람직한 모습에 관한 검토회'가 설치되면서 본격화된다. 같은 해 11월에는 중앙사회복지심의회에 '사회복지 구조개혁 분과회'가 설치되어 검토가 이루어져 1998년 6월에는 「사회복지 기초구조개혁에 대해서(중간보고)」가 공표되었고, 사회사업법 개정을 축으로 한 개혁의 기본방향이 제시되었다(炭谷編, 2003). 후생성의 현직 사무차관이 관여된 뇌물수수사건이었던 오카미츠(岡光) 사건이 풍파를 일으키는 가운데 사회복지행정에 대한 비난을 회피하고자 자민당 사회부회는 기본적으로 이러한 개혁을 지지하였고, 법안은 2000년에 제정되었다.

이런 사회복지 기초구조개혁의 흐름은 그 후에 보편주의적 정책과 자기 부담 도입 등으로 인해 저소득층을 배제시킬 수도 있는 정책 사이를 오가고 있다. 2003년에는 장애인복지 영역에서 조치제도를 대신하여 지원비제도가 도입되었다. 이것은 개호보험과 마찬가지로 이용자가 서비스를 선택하여 계약하는 보편주의적인 정책이었다. 그런데 지원비제도는 그때까지 억제되었던 서비스 수요를 일시에 발굴하는 결과를 야기하여 초년도에는 128억 엔, 다음 해에는 250억 엔 이상의 재원부족이 발생했다.

한편, 2006년 4월부터 장애인자립지원법이 시행되었는데, 서비스 이용에 대해서 10%의 응익 부담을 과하였기 때문에 많은 장애인이 서비스 이용을 자제할 수밖에 없었고, 보험료도 개정되는 바람에 경영이 어려워진 복지사업소가 속출하였다. 동 법은 장애인의 취로자립을 요구하는 워크페어형이었는데, 장애인의 취로 환경이 정비되지 않는 상황에서 자립지원은 실효를 거두지 못했다.

● **남녀공동참여**

일본의 생활보장은 남성생계부양자의 고용보장과 주부의 무상노동을 연계시킨다는 발상이 농후했다. 독일 등 유럽의 보수주의레짐에 속하는 국가에서는 복지레짐이 여성의 무상노동을 보호하는 큰 복지국가적인 가족주의를 형성했는데 일본에서는 작은 복지국가적인 가족주의가 유지되어 왔다(大澤, 2002).

이와 같은 구조 때문에 개호나 보육서비스의 규모는 억제되었고, 선별적으로 제공되었다. 그 때문에 남녀공동참여 실현은 복지서비스의 보편주의적 개혁과도 연동하는 것이며, 보편주의적인 복지레짐으로 가는 불가결한 코스이었다.

1990년대에 들어서 이러한 코스를 명확히 밝힌 것이 전술한 사회보장제도심의회의 1995년 권고 '사회보장체제의 재구축'이었다. 임조 노선의 '일본형 복지사회론'에 대항한다는 측면도 가지고 있어서 이 문서는 모든 분야에서 '여성과 남성이 공동으로 참여하는 것이 불가피하다'는 인식을 표명하였으며, '사회보장제도를 가구 단위 중심으로부터 가능한 것에 한해서는 개인 단위로 전환하는 것이 바람직하다'고 강조했다.

남녀공동참여와 관련된 그 후의 움직임을 보면 후생성을 기점으로 진행된 개호보험과 사회복지 기초구조개혁과는 달리 총리부 측이 주도하였다. 이는 1994년에 내각 총리대신을 본부장으로 하는 남녀공동참여추진본부가 설치되었기 때문이었다.

또한, 오사와 마리(大澤眞理)가 지적하는 것처럼 하시모토 6대 개혁과 같이 기본적으로는 급여억제형의 작은 정부론을 추진한 조류는 성 평등에 관한 한 그때까지의 자민당 정권보다 진일보한 면모를 보였다. 제2차 하시모토 내각에서는 이런 경향이 사키가케, 사민당과 각외 연립을 형성하고 있다는 점도 작용하여 강화되었다(大澤, 2002: 146~147).

어쨌든 제2차 하시모토 내각은 1996년 12월에 『남녀공동참여 2000년 플랜』을 발표하였고, 이 플랜에 따라서 1997년에 남녀공동참여심의회가 법적 기구로 설치되었다. 동 심의회가 제출한 답신를 토대로 하여 만들어진 남녀공동참여사회기본법안이 1999년 국회에 제출되어 6월에 만장일치로 가결되었다. 동 법은 남녀공동참여사회에 대해서 '(남녀가) 자신의 의사에 따라서 사회 모든 분야의 활동에 참여하는 기회가 보장되고, 그것을 통해서 남녀가 균등하게 정치적, 경제적, 사회적, 문화적 이익을 누리며, 함께 책임을 지는 사회'라고 정의했다. 그리고 중앙정부와 지방공공단체에 대해서는 그것을 실현하기 위한 조치를 하도록 의무화 했다. 제4조에서는 사회제도와 관행을 남녀의 사회에 있어서 특정한 활동 형태를 전제로 하지 않는 중립적인 것으로 하도록 했고, 제6조는 가정생활과 취로의 양립을 제창하였다.

하시모토 정권은 6대 개혁의 방향에서 명확하게 드러나는 것처럼 신자유주의적인 성향이 농후한 정권이었으나, 그것은 관점을 바꾸어 가족주의를 포함한 일본형 시스템으로부터 탈피라는 점에서 보면 남녀공동참여와 공통점을 갖고 있었다고 말할 수 있다.

어떤 면에서는 상호 긴장관계에 있다고 할 수 있는 남녀공동참여와 '구조개혁'노선의 관계는 고이즈미 정권하에서도 계속된다. 고이즈미 내각의『기본방침』제1탄은, '구조개혁을 위한 개혁 프로그램'으로서 '일하는 여성이 생활하기 편한 사회'를 내걸어 조세와 사회보장의 '개인 단위화'를 표방했다. 또한, 2002년의『기본방침』제2탄은, 자녀양육에 대한 사회 전체적인 지원을 제창하였고, 배우자 특별공제도 개정할 필요가 있다고 했다. 실제로 배우자 특별공제는 2004년 1월부터 일부 폐지가 각의 결정되었다.

이『기본방침』제2탄 및 제3탄(2003년)은 연금개혁과 관련하여 남녀공동참여사회의 이념에 합치되는 연금제도가 필요하다고 했다. 이에 호응하여 후생노동성의 사회보장심의회 연금부회는 '보험료 고정방식'이나『거시경제 슬라이드』등 앞 절에서 언급한 개혁의 핵심 사항을 비롯하여 생활 방식이나 일하는 방식과 상관없이 중립적인 연금제도를 제시하였다. 즉, 연금권의 분할, 제3호 피보험자의 개정, 취로시간이 연 130시간 미만인 파트 노동자를 비롯한 후생연금의 적용대상자 확대, 육아휴가 기간 중의 연금액 배려 등이 검토과제로 부상하였다(大澤, 2007).

2004년의 연금개혁에서 이혼 시의 연금분할이나 육아 기간 보험료 면제의 확대 등이 이루어졌으나 남녀공동참여형 연금을 실현시키기 위한 많은 과제가 연기되었다. 그러나 남녀공동참여에 대한 배려는 사회보장 개혁의 기본이념의 하나로 정착되어 가고 있다.

6. 복지레짐 재편의 험로

● 급여 삭감, 워크페어의 험로

복지레짐의 재편에는 살펴본 것처럼 급여 억제 및 워크페어의 흐름과 보편주의적 복지의 흐름이 동시에 나타났다. 이와 같은 개혁은 고용레짐의 생활보장기능이 크게 후퇴하는 가운데 진행되었으며, 이것은 한편으로는 복지레짐의 재편을 촉발하기도 하지만 다른 한편으로는 양 재편전략에 어려움을 안겨주고도 있다.

급여 억제를 지향하는 조류는 제도의 지속가능성 향상을 중요한 과제로 내걸고 있으나 고용레짐의 변용, 특히 사회보험의 적용을 받는 정규 고용자가 감소함에 따라서 토대가 무너지고 있다. 오사와 마리가 자세하게 분석한 것처럼 후생연금의 피보험자는 1997년도의 3,347만 명에서 계속 감소하고 있으며, 그에 따라서 2001년도의 보험료 수입은 1997년도에 비해서 3.6%가 감소하였다. 이에 비해서 국민연금의 제1호 피보험자는 늘어나고 있으나 그 가운데 비정규 피용자의 보험료 납부율이 저조하다. 건강보험에 있어서도 국민건강보험은 2001년부터 퇴직자와 실업자 등 '무직자'의 비중이 50%를 넘어섰다(大澤, 2007, 169~184).

또한, 현재 급여 억제의 흐름과 일체적으로 추진되고 있는 워크페어 개혁도 고용레짐 해체와의 갭에 직면해 있다. 워크페어라고 할지라도 일본의 복지·고용레짐은, 고용레짐에 중점을 두면서 일을 공급하여 빈곤을 억제해 왔다. 어떤 의미에서는 워크페어를 선취하였다고 말할 수도 있다(埋橋, 1997). 생활보호의 보호율이 국제적으로 볼 때 매우 낮았던 것도 그것 때문이었다.

생활보호 수급자를 보면 고령자 및 의료 부조를 필요로 하는 이가 태반이며, 노동이 가능한 층은 한정적이다. 따라서 '생활보호 자립지원 프로그램' 등에 대해서 새삼스럽게 워크페어의 기능을 발휘하도록 함으로써 '복지에서 취로'로 전환시킨다는 것은 원래부터 한계가 있다. 이러한 한계에 더하여 고용레짐 내에서 비정규화가 진행되어 점점 생활보장의 기반으로서의 역할을 다하지 못하고 있다. 거기에 사람들을 투입하려고 하기 때문에 모순이 심화되는 것이다.

이러한 갭은 아동부양수당제도의 워크페어화에서도 보인다. 후생노동성은 2008년부터 아동부양수당의 수급에 대해서 5년간 기한을 둠과 동시에 취로지원에 역점을 두기로 결정했다. 구체적으로는 직업자격을 취득할 때 비용의 40%를 지원해 주는 '자립지원 교육훈련 급여금' 등의 프로그램을 제공한다. 그러나 자치단체의 실시율을 보면 태반의 프로그램이 50%에도 미치지 못하고 있다. 그 원인으로는 일본의 모자가정의 80%가 이미 취로 상태에 있기 때문에 그 이상으로 취로를 확대하도록 요구하는 것에는 무리가 있다는 점, 고용조건 그 자체가 악화되고 있다는 점이 지적되고 있다(『朝日新聞』 2007년 10월 22일 자 조간).

● **보편주의적 개혁의 험로**

다른 한편으로 개호보험이나 사회복지 기초구조개혁과 같이 보편주의적인 복지 실현을 지향하는 정책들은 고용레짐의 변용이나 격차의 확대로 인한 어려움에 직면해 있다. 후생노동성이 중심이 되어 추진한 한 사회서비스 보편주의화 방법은 조치제도를 개정하여 민간 영리조직도 공급주체로 활용하는 계약형 제도를 발전시키는 것이었다. 보편주의의

포인트는 모든 사람들에게 무조건적으로 서비스를 이용할 수 있게 하는 것보다는 서비스 공급량을 확대시켜 서비스 이용자를 중간층으로 확대하는 것이었다.

확실히 이와 같은 의미에서는 보편주의화가 진전되었다고 할 수 있다. 특히 개호보험제도는 복지서비스 수급에 따라붙던 수치심(스티그마)을 제거하여 사람들의 복지관을 크게 바꾸었다. 그러나 다른 한편으로는 자기 부담이 도입되었다는 점에서 조치제도 하에서 개호서비스를 보장받고 있던 저소득층의 입장에서 보면 결과적으로 일부가 개호서비스에서 배제되는 상황이 만들어졌다고 말할 수 있다. 2005년의 개호보험개혁으로 특별양호노인홈이나 노인보건시설 등의 거주비, 식비가 크게 늘어났다는 점도 이러한 경향을 가속시켰다. 여기서 고용레짐이 해체되어 소득격차가 확대되는 가운데 복지레짐을 통해 두터운 중간층을 상정한 보편주의적 개혁을 추진하는 모순이 나타났다.

장애인복지 영역에서 기초구조개혁은 지원비제도를 통해서 억제되어 있던 복지 수요를 현재화시켰지만 당시의 예산규모로는 그렇게 해서 분출된 수요에 대응할 수 없었고, 그것이 워크페어형의 장애인자립지원법 도입의 계기가 되었다. 원래는 보편주의적 개혁을 지향하였지만 서비스 이용을 엄격하게 제한하는 상황이 벌어지고 있다.

결국, 고용레짐의 해체가 진행되는 상황에서는 보편주의적 개혁도 그 의도를 관철하기가 어려워진다. 지금까지의 고용레짐 중심의 생활보호를 조건으로 한 사회보장의 재정규모를 전제로 한다면 보편주의적 개혁은 더욱 어려워질 것이다. 글로벌화와 탈공업화의 흐름을 염두에 두면서 고용레짐과 복지레짐을 재설계하고, 양자의 관계를 재구축을 할 필요가 있다. 마지막 장에서는 그렇게 하기 위한 힌트를 정리해 보고자 한다.

생활정치의 가능성

분열의 정치를 넘어서

1. 분열의 정치

● 횡적 분열과 종적 분열

전후 일본의 복지정치를 복지정치론의 분석틀을 가지고 살펴보았다. 1960년대부터 1970년대에 걸쳐서 형성된 일본형 생활보장의 특징은, 복지레짐에 의한 소득재분배보다도 고용레짐에 의한 고용 보장에 역점을 둔 '분립된 생활보장'이라 할 수 있다. 그것은 민간 대기업이든 지방의 중소 영세기업이든지 간에 남성생계부양자의 고용을 확보하여 1차 소득을 안정시키고, 그것을 가족주의를 통해서 가족구성원의 복지로 이어지게 하는 것이었다.

돌이켜보면, 작은 복지국가이었던 일본이 수직적인 소득의 계층화, 즉 종의 분열을 어느 정도 억제할 수 있었던 것은 이 '분립된 생활보장' 덕택이었다. 공공사업이나 각종의 보호·규제 등을 통해 확보된 생활보장은 고생산성 부문에서 저생산성 부문으로, 도시에서 지방으로 소득을 이전하는 기능을 가지고 있었다.

바꿔 말하면, 도시의 민간 대기업 노사와 지방의 제1차 산업, 자영업, 건설업 사이에는 잠재적인 긴장관계, 횡적 분열이 있었다. 그러나 민간 대기업이 여전히 정부의 산업정책에 의존하던 단계에서는 그러한 긴장관계가 현재화되지 않았다. 그런데 재정의 공채의존도가 높아지고, 대기업이 정부의 산업정책으로부터 자립해 감에 따라서 그러한 긴장관계가 현재화된다. '대기업 노사연합'은 임조 개혁을 통해서 지방에 대한 이익유도정책에 반발하며 작은 정부를 요구하고 나왔다.

그렇지만, 적어도 1980년대에는 신자유주의가 레짐을 발본적으로 재편하는 사태는 벌어지지 않았다. 행정개혁도, 세제 개혁도 도시 신중간층의 레짐에 대한 불신을 발판으로 하여 복지레짐의 삭감, 지방에 대한 이익유도정책의 수정, 간접세 도입을 제창한 것은 사실이지만 『대기업 노사연합』에 의한 일견 신자유주의적인 요구 자체가 당시에는 아직 강고했던 대기업의 장기 고용 관행을 배경으로 한 노사공동체로서의 요구였다. 또한, 다른 한편으로는 집권당은 구 지지층에 대한 이익 제공을 알아보기 어렵게 하면서 지속시켰다. 공공사업을 하는데 자치단체의 단독사업이나 재정 투융자 등 가시성이 낮은 수단이 동원되었던 것이다.

● 횡적 '양다리'와 종적 '양다리'

일본의 복지정치를 뒷받침한 것은 대립하는 이익을 조정하기 위한 공적인 논의가 아니었다. 일본 민주주의에서는 시장원리도 복지국가원리도 이익조정을 위한 기본원리가 정면으로 다루어지지 않았다. 그렇다고 민주주의가 작동하지 않았다는 얘기는 아니다. 오히려 민주주의의 형식적인 구속으로 말미암아 집권당은 도시의 봉급생활자 등 신중간층과 구 지지층 양쪽으로부터 지지를 얻을 필요가 있었다.

그러한 상황에서 정치는 상호 대립하는 이익을 이용하면서 양쪽으로부터 지지를 얻으려고 '양다리'를 걸치는 전략을 구사하였다. 결과적으로 지니계수 등을 토대로 하여 보면 1980년대에는 격차 확대, 즉 종적 분열은 진행되지 않았다. 그러나 그 대가로 공적 논의공간이 공동화되었고, 횡적 분열과 상호불신은 한층 심화되었다.

'양다리' 정치의 귀결로서 지방 재정과 재정 투융자, 각종 특별회계 등 가시성이 낮은 부문에서 재정 잠식이 진행되었고, 새로운 이권 증식도 생겼다. 거품이 붕괴하자 일본형 시스템에 대한 환멸이 확산되어 1990년대 중반부터는 구조개혁 물결이 순식간에 격렬해졌다. 1980년대 정치는 복지레짐을 삭감하면서도 고용레짐은 유지시켰으나 1990년대 후반부터는 대기업 고용의 비정규화와 공공사업의 과감한 삭감 등 고용레짐 자체가 해체되었다.

다만, 그때도 역시 시장주의가 정면으로도 논의된 것은 아니었다. 노동시장이 유동화되면서 사람들이 확대되어 가는 격차에 대해 우려하기 시작한 때에 고이즈미 정권은 구조개혁을 통해서 고생산성 부문의 대기업 경쟁력을 강화시키는 것만이 저소득자를 포함한 생활의 저변을 끌어올릴 수 있다고 주장하였다. 그리고 2005년의 우정(郵政)선거에서는 행정에 대한 불신으로 말미암아 공무원이 기득권의 상징처럼 부각되었다. 민영화를 실시하여 공무원을 줄이는 것만이 납세자들의 부담을 줄여서 생활을 풍요롭게 하는 것이라고 주장되었다.

낙하산 인사를 비롯하여 공무원의 처우에는 간과하기 어려운 문제가 있음은 사실이다. 그러나 일본의 공무원 숫자는 선진국 중에서는 이미 적은 편에 속하기 때문에 공무원 감축이 경제 활력으로 바로 이어질지는 의문이다. 또한, 대기업 부문의 성장만이 격차해소를 가져온다는 논리도 글로벌한 시장과 밀접하게 연결된 대기업과 지방 중소기업의 성장이 서로 연계되지 않는다는 점뿐만 아니라 노동분배율이 한정적임을 고려해 본다면 설득력이 없다. 오히려 이러한 논리는 구조개혁을 통해 혜택을 받게 되는 풍요로운 계층과 저소득층의 지지를 동시에 얻으려는 전략적인 어법에 지나지 않는다.

고이즈미 정치는 나카소네 정치와는 달리 지방에 대한 이익유도를 축소하였다. 그리고 도시의 신중간층과 지방의 전통적 지지층이라는 횡적인 '양다리 걸침'을 없애고 지방에 대한 이익유도를 버릴('자민당을 붕괴시킬') 것을 선언하였다. 그리고 그 대신에 부유층과 주변층, 저소득층이라는 종적인 '양다리'를 노렸다고 말할 수 있을 것이다.

이 책의 서두에서 문제시했던 일본 복지정치의 교착상황이 어디에서 비롯되었는지는 분명하다. 사람들은 높은 복지 욕구를 가지고 있으면서도 재량적인 행정에 대해서는 강한 불신을 가질 수밖에 없는 상황에 놓여 있다. 도시와 지방의 이익대립도 필요 이상으로 부추겨졌다. 대립하는 이익을 조정하여 제도개혁을 위한 합의를 형성해 가는 공적 토의는 여전히 진전되지 않고 있다. 일본의 복지정치는 여전히 분열의 정치에 머물러 있는 것이다.

● 레짐 재편의 방향성

종적 분열, 즉 소득격차의 확대와 횡적 분열 즉, 도시와 지방, 고생산성 부문과 저생산성 부문의 이해대립이 얽히고 설키면서 심각해져 일본의 생활보장과 관련된 민주주의는 교착상태에 빠지고 말았다. 일본형 복지 · 고용레짐은 해체되고 있으며, 복지레짐을 재편하려는 시도도 고용의 비정규화와 워킹 푸어 증대로 말미암아 생각처럼 성과를 내지 못하고 있다. 복지레짐, 고용레짐을, 그리고 양자 간의 연계를 종합적으로 재설계해야 할 상황이 되었다.

노동시장을 철저하게 유연화하고, 해고규제 등도 완화해서 복지레짐을 통한 철저한 최저소득보장과 연동시키자는 주장도 있다. 이것이 바로 유연성(플랙시빌리티)과 보장(시큐리티)을 일체화한다는 의미인 플랙시큐리티라 부르는 사고방식이다. 경영자는 글로벌화에 대응하여 자유롭게 사업을 재편할 수 있고, 다른 한편으로 노동자는 해고의 고통을 최소화하여 새로운 일자리를 찾을 여력을 갖게 된다. 덴마크의 생활보장은 바로 이러한 이념에 따르고 있으며, 노동시장에서는 한 해에 3명 중 1명이 전직한다. 플랙시큐리티 발상은 '분립된 생활보장이냐, 시장주의냐'라는 양자택일을 초월하여 자유로운 선택을 보장하는 사회로 가는 데 중요한 힌트가 된다. 그러나 덴마크와 같이 중소기업 중심의 산업구조라면 몰라도 대기업이 기축인 사회에서는 그러한 경험을 그대로 적용하기에는 많은 어려움이 있다.

일본에서 그러한 발상을 활용하려면 우선 고용레짐에서 전직이나 중도채용의 길을 넓혀서 비정규 고용에서 벗어날 수 있는 통로를 확대할 필요가 있다. 그리고 그것을 복지레짐 내에서 다음과 같은 지원형 정책과 조합시켜 나갈 필요가 있을 것이다.

즉, ①생애교육과 직업훈련이라는 직접적인 취로지원서비스, ②보육과 개호 등 간접적인 취로지원서비스, ③환부를 수반하는 세금공제 등 저임금을 보완해 주는 제도, 혹은 교육 등을 위해서 일시적으로 노동시장을 떠나 있을 수 있는 소득보장제도, ④공적 주택정책과 사회서비스 등 생활비 부담을 덜어주는 시책, ⑤직역이나 삶의 방식과 상관없이 중립적인(즉, 전직과 중도채용으로 말미암아 피해를 받지 않는) 연금제도 등이다.

이 책은 이러한 새로운 생활보장 형태에 대해서 본격적으로 다룬 것은 아니다. 다만, 지금까지는 경험하지 않았던 새로운 사회적 위험과 생활의 어려움이 확산되고 있다는 점에 주목하고자 한다. 이러한 문제들에 대해서 어떻게 대응하느냐는 중요한 문제이다. 또한, 그러한 대응을 통해 분열과 상호불신이 팽배한 정치로부터 벗어나 새로운 복지정치로 접근할 수도 있을 것이다.

2. 새롭게 직면하는 생활의 어려움

물론 지금까지의 복지정치도 사람들이 직면하는 위험과 생활의 어려움에 대처하는 것에 대해서 말해왔다. 그러나 지금까지는 사람들이 지향하는 생활 형태가 비교적 명백하였다. 안정된 소득을 보장해 주는 고용과 각자가 주어진 역할을 하는 가족이 사람들의 목표이었다. 실업, 질병, 산재, 노화(老化) 등 전형적인 위험과 이러한 위험의 현실화로 인한 소득상실에 대비하는 것이 사회보장정책, 고용정책의 역할이었다. 케인스주의적인 고용정책(고용레짐)을 통해 고용을 창출하고, 베버리지형 사회보험제도와 공적부조(복지레짐)를 통해 그러한 전형적인 위험에 대처하는 것이 정부의 과제이었다. 이러한 큰 틀 속에서 일본은 고용 확보를 가족의 복리로까지 이어지도록 하는 데 중점을 두었다.

그런데 몇 가지 이유로 상황이 크게 바뀌고 말았다. 글로벌화한 시장경제가 펼쳐지면서 계속적이고 안정된 고용은 바랄 수 없게 되었다. 그리고 고령화 진행과 여성의 사회진출로 가족 형태도 많이 바뀌었다. 지향할 만한 생활상이나 가족의 의미가 더는 명백한 것이 아니게 되었다. 그럼에도 불구하고 특히 선진공업국에서는 신흥공업국에게 추월을 당하게 될 것이라는 절박감이 팽배하고, '생존을 위한 경쟁'이 부추겨지고 있다. 직장에는 과대한 스트레스가 쌓이고, 그 여파가 가족에게까지 미치고 있다.

이러한 가운데 사람들의 생활 속에 기존 제도가 예상하지 않았던 새로운 위험이 발생하고 있다. 소득 부족은 물론이거니와 삶의 의미의 동요가 가져오는 생활고가 확산되어 사회와 원활한 관계를 맺지 못하는 사람들이 늘어나고 있다.

고용의 비정규화와 불안정화가 진행되어 직장은 점점 소수 정예화되어 가고 있고, 마음에 병을 가진 봉급생활자, 공무원이 급증하고 있다. 사회경제생산성본부가 2006년에 상장기업 2,150개를, 2007년에 각 자치단체를 대상으로 벌인 조사를 보면, 종업원 1,000명 이상 기업 중에서 63.2%가 마음의 병이 증가하고 있다고 회답하였고, 동 규모의 자치단체에서는 71.7%가 그렇게 회답하였다. 우울증 등으로 1개월 이상 휴직하고 있는 사원이 있는 기업이 2002년에는 58.5%이었는데, 2006년에는 74.8%로 늘어났다(社会経済生産性本部メンタル·ヘルス研究所編, 2007).

가족도 또한 점차로 무거운 문제를 떠안고 있다. 개호 문제 등 고령사회 도래가 가족에게 가져다주는 부담은 비교적 일찍부터 인식되었다. 그에 더하여 자녀양육, 가정 내 폭력 등의 문제도 확산되고 있다. 문부과학성이 2006년 조사한 바에 의하면, 전국 초등학교와 중학교의 등교거부 학생은 약 12만 7,000명에 이르는데, 이는 전체 학생 수의 약 1.2%에 상당한다. 사회적 스트레스의 증대가 아이들의 사회적응과 학습에도 부정적 영향을 미치고 있으며, 밖으로 나오지 않고 집안에만 틀어박혀 지내는 아이들을 양산하고 있다.

부부간 폭력 증대도 현저해져서 도도부현 등에 설치된 배우자 폭력 상담창구에 접수된 상담 건수가 2002년에는 3만 6,000건이었는데 2006년에는 5만 9,000건으로 늘어났다. 후생노동성 자료에 의하면, 전국 아동상담소에 접수된 아동학대상담 건수가 1998년에는 6,932건이었는데 2006년에는 3만 7,323건으로 늘어났다.

이 모두가 노동과 배움, 혹은 가족 형성이라는 근본적인 문제이다. 그 중에서 적지 않은 부분이 지금까지 존재하지 않았다기보다는 고용이나 가족과 관련된 관행으로 말미암아서 정면으로 문제시되지 않은 채 유지되어 온 것들이다. 그러나 이제 사태가 방관할 수 없는 수준에 이르렀다.

이제까지의 고용제도와 사회보장제도가 상정하지 않았던 새로운 위험과 생활고가 분출하고 있는 것이며, 그러므로 이러한 문제들은 '새로운 사회적 위험'이라고 할 수 있다(宮本, 2006c). 앞으로는 거의 분명했던 '생활보장'이 아니라 생활의 내용 그 자체를 문제시하는 '생활 형성'을 위한 민주주의가 요청되고 있다.

3. 생활정치와 새로운 정치적 대립축

● 생활정치란 무엇인가?

사람들은 어디에다가 하소연해야 할지도 모르고, 자주 고립된 채로 문제에 대처하곤 하면서 어찌할 바를 모르고 있다. 그러나 이 모든 것은 많은 사람들이 직면하고 있는 것이며, 그것을 해결하기 위해서는 모두 힘을 합해서 협력해야 하는 공공성이 높은 문제들이다. 이러한 새로운 영역의 복지정치는 생활 형태 그 자체와 관련된 정치이기 때문에 생활 정치라 해도 좋을 것이다.

'생활 형태와 관련된 정치'라고 하면 약간 추상적이기는 하지만, 구체적으로는 ①가족의 형태와 남성과 여성의 사회적 역할 재정립, ②몸과 마음의 약화에 대한 케어, ③생활과 양립할 수 있는 새로운 노동 형태(가족 친화적, 혹은 노동과 생활의 균형), ④문화, 종교, 성적 지향성 등과도 관계가 있는 다양한 생활 스타일의 상호 승인 등과 관련된 정치라고 할 수 있을 것이다. 그 중에서 다수가 지금까지는 개인적인 행위로 치부된 것인데, 점차 공공성이 인정되어 복지정치 문제로서 거론되고 있다. 그 배경으로는 앞에서 서술한 것처럼 글로벌화와 탈공업화 속에서 진행된 고용과 가족의 변용을 들 수 있다.

생활 정치라는 표현은 영국의 사회학자 앤서니 기든스에게서 차용한 것이다. 기든스는 그것을 '해방의 정치'를 대체하는 것으로 보았다. 기든스에 의하면 해방의 정치란 사람들이 전통과 관습으로부터 자유로워지기 위한 권력과 자원의 재분배에 관한 정치이다. 이에 반해서 생활 정치란 기존의 전통과 관습이 구속력을 상실하는 가운데 재분배보다는 생활방식의 재구축에 중점을 두는 정치이다(Giddens, 1994: 90~92; Giddens, 1991). 필자가 생활 정치라고 할 때는 이와 같은 형식적인 이분법은 따르지 않는다. 생활 정치도 또한 권력과 자원의 재분배에 관한 정치이다. 많은 사람에게 있어서 권력과 자원의 재분배 없이 새로운 생활 형성은 있을 수 없기 때문이다.

정부의 책임과 재정의 역할은 여전히 중요하며, 연금, 의료, 공적 부조 등과 같은 지금까지 복지정치의 쟁점도 여전히 중심적 위치를 차지할 것이다. 그러나 다른 한편으로는 이러한 정책과 제도가 거의 당연시했던 생활의 내용이 문제시 되고 있는 것이다. 생활보장이라는 과제에 대해서 항상 '어떠한 생활을'이라는 문제의식이 따라붙고 있다. 제1절에서 고용 레짐과 복지레짐의 재설계 및 양자의 새로운 연계 방향성에 대해서 다루었는데, 사람들이 다양한 생활 스타일을 선택하여 사회에 참여하는 것을 지원하는 틀을 만들 필요가 있다.

이런 점에서 생활 정치는 역시 새로운 정치적 대립축이다. 그렇지만, 종래의 복지정치와 생활 정치 사이에 확실한 경계선을 긋기는 어렵다. 게다가 생활 정치의 확대는 민주주의나 복지와 고용 제도에 큰 변화를 가져올 가능성이 있다.

● **생활 정치를 포함한 새로운 대립구도**

공동체나 가족의 의미가 흔들리는 가운데 그 형태 자체가 쟁점이 된다는 점이 생활 정치의 특질이다. 공동체와 가족에 관한 정치에서는 자주 두 개의 대조적인 해결책이 제시된다. 하나는 오늘날의 변화의 방향을 고려하여 공동체나 가족의 형태를 쇄신하려는 흐름이다. 여성의 취직이나 사회참가, 가족에 대한 사회적 지원 강화, 성적 소수자의 권리 등이 제창된다. 이에 반해서 또 다른 조류는 오늘날의 생활고가 가족 내에서 남녀, 부모와 자식의 역할관계나 도덕이 동요되고 있기 때문에 기인한다고 생각하여 전통적인 가족과 남성다움, 여성다움의 복권(復權)을 주창한다. 혹은 전통적인 규범에 따른 도덕교육을 요구한다.

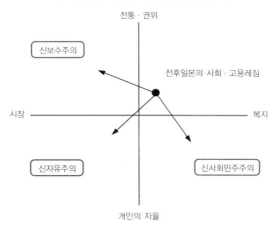

〈그림10〉 새로운 복지정치의 대립축

전통·권위

신보수주의

전후일본의 사회·고용레짐

시장 ——————————————— 복지

신자유주의

신사회민주주의

개인의 자율

〈출처〉 필자 작성

　결국, 생활 정치는 생활 방식에 관한 정치이기 때문에 때에 따라서는
서로 다른 가족관, 생활관, 도덕관이 대립하는 양상을 나타낸다. 이러한
대립은 재분배와 관련된 복지정치와 같이 예산 조치로는 타협하기가 어
렵다. 보다 직감적이고 감정적인 문제이기 때문에 경우에 따라서는 매우
심각한 충돌로 발전하기도 한다.

　새로운 복지정치에서는 이런 생활 정치 혹은 생활 형성 정치의 비중이
높아지는데, 다른 한편으로는 생활보장과 관련된 재분배도 여전히 중요
하다. 여기서 나타나는 정치적 대립구도는 <그림10>과 같이 나타낼 수
있을 것이다. 이 그림에서 가로축은 지금까지의 생활보장과 관련된 정치
를 나타낸다. 여기서는 시장원리와 복지국가 사이의 대립이 기본이다.
다른 한편으로 세로축은 생활의 내용 자체에 관한 생활 정치, 생활 형성
과 관련된 정치를 나타낸다. 여기서는 전통적 혹은 권위적인 가족·공동
체의 형태를 유지·재건할 것이냐, 혹은 각각의 자율성을 높여주는 방향
으로 쇄신할 것이냐 하는 대립이 부상한다. 가로축을 '재분배의 정치', 세

로축을 '승인의 정치'라고 칭할 수 있을 것이다.

전후 일본의 복지 · 고용레짐은 제1면의 중앙 쪽에 있었었다고 할 수 있다. 이 레짐은 기존의 가족과 공동체의 질서를 준수해 왔으나 적어도 '일본형 복지사회론'이 대두하기 전까지는 그것을 극단적인 형태로는 드러내지 않았다. 또한, 고용레짐을 통해서 일정 수준의 생활보장을 달성했지만, 북유럽이나 대륙 유럽 국가들과 같은 복지수준과는 상당한 거리가 있었다.

오늘날 일본의 복지 · 고용레짐은 세 방향으로 분리되기 시작하였다고 말할 수 있다. 첫째로는 시장주의적 개혁을 추진하면서도 공동체 해체를 전통적인 가족과 규범, 혹은 내셔널리즘 재건을 통해 보충하려는 흐름이다. 이것을 신보수주의라 할 수 있다. 아베 정권의 '아름다운 나라' 노선은 기본적으로 이런 방향을 지향하였다. 거기에서는 가족규범이나 도덕교육의 강화가 정면으로 표방되었다.

둘째로는 마찬가지로 시장주의적 개혁을 추진하지만, 거기에서 확산되는 개개의 자율을 오히려 장려하는 흐름이다. 이것을 신보수주의와 구별하여 신자유주의라 칭할 수 있다. 신보수주의와 신자유주의는 하나로 묶이는 경우가 많지만, 생활 정치의 관점에서 보면 양자의 차이는 간과할 수 없다. 고이즈미 정권에서 나타난 일련의 '기본방침'이 지향한 방향은 신자유주의적이었다. 거기에는 그 뒤의 아베 정권과는 달리 사회보장을 가족 단위에서 개인 단위로 전환시켜 여성의 취직을 지원하려는 시책이 적극적으로 검토되었다.

그리고 세 번째로는 사회보장이나 복지 강화를 개개의 자율과 연결하려는 흐름인데, 소위 '제3의 길'이나 북유럽형의 사회민주주의를 계승하는 것이다. 이것을 신사회민주주의적 전개라고 할 수 있다.

신자유주의나 신사회민주주의가 개개의 자율을 확대하려 한다고 할지라도 사람들은 공동체가 없는 벌거벗은 개인으로서는 살아갈 수 없다.

따라서 거기서 공동체 재건과 개인과 공동체의 관계 조정 등이 잠재적인 과제로 부상하게 된다. '제3의 길'을 지향하는 논의가 '공동체주의'적인 경향을 보였던 것은 그 때문이다.

앞 장에서 분석한 일본의 복지레짐 재편의 두 흐름과 연계시켜 생각해 보자면 급여억제와 삭감의 흐름은 제2면, 제3면에, 보편주의적 개혁의 흐름은 제4면에 속한다고 볼 수 있다. 남녀공동참여는 제4면의 신사회 민주주의적인 과제이기도 하지만 개인의 자율이라는 방향성은 제3면의 신자유주의적인 흐름과 공유한다.

1990년대 중반 이후 남녀공동참여정책이 하시모토 6대 개혁과 고이즈미 구조개혁 등, 신자유주의적 성격이 강한 개혁노선 속에서 전개되었다는 것은 제3면과 제4면의 위치 관계를 고려한다면 우연한 일은 아니다(大沢, 2002: 133~165).

● **일본의 생활정치**

일본의 생활정치의 뚜렷한 출현형태 중 하나로는 남녀평등과 관련된 정책전개와 그에 대한 반동을 생각해 볼 수 있다. 1990년대 중반부터 일본에서는 이 분야에서 새로운 정책이 계속 전개되었다. 1996년에는 "선택적 부부 별성(別姓)"도입을 포함한 민법개정요강이 마련되었다. 2001년에는 가정폭력(Domestic violence) 방지법이 시행되었고, 2004년에는 심신에 해로운 언동을 폭력으로 간주하도록 법이 개정되었다(岩本, 2006). 앞 장에서 서술한 남녀공동참여사회기본법 및 개정된 고용기회균등법의 시행과 더불어 남녀평등과 관련된 생활정치는 일찍이 국회 차원에서 전개되었다.

이러한 정책 중에서 법안으로 제출된 것은 거의 전원일치로 국회를 통과하였다. 많은 보수정치가는 남녀평등과 가정폭력 방지를 요구하는 정책이 생활에 밀접하게 영향을 준다고 미처 생각하지 못했을 것이다. 그러나 일련의 법률이 제정되자 보수계 대중매체와 단체들은 전통적인 가족 모델을 두둔하면서 강하게 반발하는 움직임을 보였다.

특히 남녀공동참여사회기본법이 통과·시행(1999년)된 2002년 전후부터 이러한 움직임이 현저해졌다. 신문 캠페인 등과 연동하면서 국회나 지방의회에서 보수계 의원이 젠더 정책에 대한 비판의 강도를 높여갔다. 2005년에는 도쿠시마현(德島縣) 의회가 남녀공동참여사회기본법에 대한 의견서를 채택하였다. 그 의견서는 동 법에 대해서 전통과 문화를 부정하고 남녀의 차이를 무시하는 '자의적 운용'이 보인다고 서술하였다. 그 후 몇 군데 자치단체에서도 같은 유형의 의견서가 채택되거나 남녀평등을 주창한 자치단체의 기본조례를 개정하는 등의 움직임이 확산되었다.

이러한 흐름을 배경으로 하여 2005년에 남녀공동참여사회기본법에 근거해서 수립된 '기본계획'을 수정할 시에 자민당의 '과격한 성교육·젠더 프리 교육실태조사 프로젝트팀' 등이 정부에 대해서 젠더라는 용어를 사용하지 말도록 제언하였다. 이노구치 구니코(猪口邦子) 남녀공동참여 장관의 반발 등으로 '기본계획'에 젠더라는 용어가 그대로 남기는 했지만 '남자다움, 여자다움이나 남녀의 구별'을 철폐하려는 것은 아니다는 등의 주석이 첨가되었다.

미국에서는 낙태문제나 동성애 문제를 둘러싼 대립이 기존의 재분배 정치를 대체하여 대통령선거 등에서 중심적인 국가적 정치 쟁점이 되었다. 일본에서도 헌법개정과 관련된 정치대항 등과 맞물려서 생활 정치가 앞으로 더욱 선명하게 국정의 쟁점이 될 가능성이 있다.

물론 생활 정치는 격렬한 대립을 야기했던 젠더 정치와 동일하지는 않다. 그것은 더욱 일반적으로 말하자면 새로운 생활 방식과 사람들이 겪는 생활고를 비롯하여 복지와 고용 제도를 조정해 가는 프로세스이다. 그 과정에서 복지정치 자체가 쇄신될 가능성도 나타나고 있다.

4. 복지정치의 쇄신?

● 새로운 민주주의와 공공 공간

생활정치를 포함한 복지정치는 민주주의 심화로 이어질 가능성도 있다. 기존의 생활보장과 관련된 민주주의는 정치와 행정이 사람들로부터 지지를 획득하기 위해서 경쟁하는 정치 게임이라는 측면이 있었다. 다시 말해서, 유권자가 정치 엘리트를 선택함으로써 선호를 표명하는 지도자 경쟁형 민주주의이었다. 이러한 민주주의는 정치가를 견제한다는 면에서는 어느 정도 역할을 해 왔다. 또한, 그러했기 때문에 바꿔 말하면 여론의 반발을 두려워한 정치와 행정이 '비난 회피'를 위해서 여론 유도에 분주하거나 대립을 부추기기도 하였다.

이에 비해서 생활 형성을 위한 민주주의는 민주주의의 의미를 전환시킬 수밖에 없다. 적어도 지역사회 수준에서 민주주의가 다양한 행위자가 생활 형태에 관해서 심도 있는 논의를 거듭하는 '숙의형'으로 접근할 수도 있다(篠原, 2007).

필자는 숙의형 민주주의라고 할지라도 과도하게 이상화한 구도를 상정하지는 않는다. 실상을 보면 논의 방법을 충분히 이해한 시민이 서로 의견을 나누는 것은 아니기 때문이다. 반드시 공적인 논의에 재능이 있다고는 할 수 없는 이런저런 사람들이 시행착오를 거치면서 해결책을 모색하는 과정이다. 이런 말이 어울릴지 모르겠지만, 훨씬 '궁지에 몰린' 교섭과정인 것이다.

예를 들어 다양한 케어, 개호 수요에 대한 대응은 그 성격상 정부가 주도하여 해결할 수 있는 성질은 아니다. 당사자, 가족 등이 어쩔 수 없는 상황에서 도움을 요청하고 전문가, 자조 그룹, 비영리조직(NPO)이 그것을 뒷받침하고, 행정기관, 케어 워크 등이 협력하여 해결의 길을 모색하는 것 이외에는 다른 방도가 없다. 전문가나 행정기관과 당사자, 가족 사이에는 명백한 정보의 비대칭성이 있고, 관심의 상충도 있다. 사람들은 속내를 드러내 서로 맞부딪칠 수밖에 없고, 각각의 문제에 대한 유일한 해결책이라는 것은 없다.

그러나 숙의를 거쳐 문제가 해결된다면 지역 사회는 큰 보상을 얻게 된다. 사람들의 사회참가에 대한 어려움은 극복되고, 더욱 많은 사람이 케어를 받는 입장에서 더욱 능동적으로 지역사회를 지탱하는 입장으로 바뀐다면 지역사회의 인적 자원을 유효하게 활용할 수 있게 된다. 또한, 고립되었던 사람들이 목소리를 내어 새로운 연계를 맺게 된다면 그것 자체가 새로운 공동체를 만들게 되고, 상호 간에 신뢰관계, 즉 사회관계자본이 형성된다.

즉, 생활정치는 사람들의 참가를 보장하기 위한 정치이며, 지역사회의 활력이나 발전과도 연계된 정치인 것이다. 거기서 전후 일본의 복지정치가 분열의 정치로 인해 축소되어 버렸던 공공의 논의공간을 확대할 수 있는 가능성을 찾아 낼 수 있다.

● 복지국가에서 복지 거버넌스로

가족의 모습은 어떠해야 하는가, 남성과 여성의 역할을 어떻게 생각할 것인가 등을 주제로 하는 생활정치는 감정이 과다하게 분출하는 정치가 될 가능성도 있다. 다른 한편으로는 구체적인 문제해결로 이어진다면 공공 공간이 확대될 수도 있다. 그런 적극적인 가능성을 활용할 조건을 만드는 것 자체가 복지정치의 과제가 된다. 새로운 복지 · 고용레짐에 대한 구체적인 전망은 이 책의 범위를 넘어선다는 것을 앞에서도 언급한 바 있다. 마지막으로 복지국가에서 복지 거버넌스로의 전환에 대해서 다루고자 한다. 즉, 생활정치의 가능성을 잘 활용한 다양한 사회참가 형태를 실현할 수 있는 제도적 조건을 생각해 보면, 그것은 이미 복지국가라는 틀로는 대응할 수 없다는 것을 알게 될 것이다.

　지금까지 살펴본 바와 같이 생활정치와 관련된 문제들은 기존 행정이 갖고 있는 문제발견 능력과 대응 능력을 넘어선다. 사람들에게 더욱 가까운 곳에서 사회참가와 관련된 다양하고 복잡한 수요에 대응하는 데는 NPO나 자조 그룹 등 민간 비영리조직이 유효한 경우가 많다. 한편, 행정은 몸과 마음의 약화, 개호와 보육, 생애교육 등에 대처하는 공공서비스를 시정촌 레벨에서 민간조직과 연계하여 제공해 나갈 필요에 직면할 것이다.

　앞 장에서 살펴본 것처럼 이러한 공공서비스의 분권화와 다원화 방향은 임조행정에 대한 대항축으로서 일찍부터 제창됐으며, 개호보험제도 도입 등의 형태로 제도화되었다. 그러나 현 시점에서 다원화 형태는 대부분이 민간조직에 비용 절감을 기대하는 쪽으로만 편중되었고, 수요에 대한 대응능력은 제대로 활용되지 못하고 있다. 분권화의 흐름도 또한 재정 자립론의 영향으로 결과적으로 지원형 공공서비스가 가장 필요한 지방에서 서비스 삭감을 초래하는 결과가 되고 있다.

　공공서비스의 분권화 · 다원화와 달리 복지레짐의 또 하나의 축인 소득보장은 여전히 중앙정부의 책임으로 남는다. 그러나 지금까지처럼 전형적인 삶의 전형적인 위험에 대응하는 사회보험(실업보험, 산재보험, 연금보험)의 한계가 드러나고 있다. 다양한 생활 스타일에 중립적이고, 더욱 유연한 소득보장이 요구된다. 이것이 사회보험 간의 통합과 유연화, 역진적 소득세, 기본소득(Basic income) 등의 선택 여부가 논의되는 이유이다.

　나아가 고용레짐에 있어서도 지방의 산업구조와 지리적인 장점 등을 고려한 고용창출 기능은 국가가 집권적으로 맡기에는 적당하지 않지만, 그렇다고 해서 시정촌이 맡기에는 규모가 너무 작다. 도도부현, 혹은 보다 더 큰 틀이 새로운 경제정책의 주체로서 성장해야 할 것이다.

기존의 복지·고용레짐에서는 국민국가가 담당자이었다. 그러나 생활정치의 비중이 높아지는 새로운 복지정치 시대에는 복지·고용레짐의 기능은 소득보장에 대해서는 국가[Nation]가 보다 유연한 형태로, 공공서비스에 대해서는 시정촌[Local] 단위에서 행정기관과 민간조직이 주민들의 문제에 민감하게 대응하고, 고용창출에 대해서는 도도부현 혹은 도주(道州)[Region]가 지방의 특성을 고려하여 각각 주도권을 발휘하는 형태가 나타날 것이다. 따라서 이것은 복지국가라기보다는 복지 거버넌스라고 해야 할 것이다. 다만, 이러한 조건이 어디까지 그리고 어떠한 형태로 실현되어 갈 것인가는 현실의 복지정치에 달렸다.

맺음말

전후 일본을 뒷받침해 온 생활보장 구조가 해체되어 사람들은 생활 토대가 무너지는 듯한 불안에 직면해 있다. 일본정치는 그에 대해서 제대로 대응을 하지 못하고 있다. 이 책은 전후 일본의 복지정치를 분석하고 각 현상의 배경에 대해서 살펴본 것이다.

나는 정치학이 학문이라는 이름으로 현실의 정치와 사회에 대해서 처방을 내려 줄 수 있다거나 그래야 한다고도 생각하지 않는다. 정치학을 전공하는 자가 시론적인 견해를 서술할 수는 있겠지만, 그것은 좀 성질이 다른 것이다. 그러나 정치와 사회가 커다란 딜레마에 직면하여 어찌할 방도를 찾지 못하고 있는 때에 그렇게까지 된 과정을 추적하여 문제를 찾아내는 것은 가능하다고 생각한다. 그리고 그러한 시도를 하는데 있어서 최신의 복지정치 분석틀, 예를 들어 복지와 고용의 레짐론, 제도전환론, 담론정치론은 큰 가능성을 갖고 있다.

이 책은 이러한 조금은 대담한 문제의식을 가지고 우선은 일본의 생활보장의 제도체계, 특히 복지레짐과 고용레짐의 연관과, 그것이 형성된 정치과정을 밝히고자 했다. 자주 지적되는 것과는 달리 일본의 생활보장이

1973년의 '복지 원년' 이후 줄곧 해체만 되고 있는 것은 아니었다. 남성생계부양자의 고용보장을 주축으로 하는 생활보장은 일정한 지속력을 보이고 있다. 그러나 이 레짐은 내부에 고유한 균열을 배태하고 있었다.

이 책에서는 이 균열과 관련된 복지정치의 전개가 어떻게 오늘날의 교착상태로 이어졌는지를 보여주고자 했다. 물론 이런 얇은 책으로 설명하는 데에는 한계가 있다. 비교론적으로 본 일본형 복지 · 고용레짐의 위치 설정, 그 변화의 방향성, 생활정치의 비중이 높아진 복지정치의 장래 등 더욱 심도 있는 논의는 별도의 기회를 기다릴 수밖에 없다.

유희카쿠(有斐閣) 서적편집 제2부의 세이카이 다이지(靑海泰司) 씨로부터 이 책의 집필을 의뢰 받은 지는 이미 3년이 지났다. 나는 최근 몇 년 동안 이 책과 동시에 포스트 복지국가론에 관한 책 등을 쓰려고 했지만, 두 권을 동시에 집필하기란 나에게는 벅찬 일이었다. 결국에는 어느 쪽도 좀처럼 진척을 보지 못했다. 그때그때 떠오르는 생각들을 가지고 이 책의 구상을 잡아보기는 했지만 좀처럼 집필에 들어가지 못하고 있던 나를 세이카이 씨는 인내심 있게 기다려 주면서 이런저런 조언까지 해주곤 했다. 그러나 작년 여름부터 세이카이 씨의 온화했던 미소가 변하려는 징조를 보였고, 나는 서둘러서 이 책의 토대가 된 논문을 일본정치학회의 공통주제 논문으로 작성하였으며, 그것을 기초로 하여 이 책을 썼다. 이제 이 책이 힘겹게나마 완성되어 포스트 복지국가론 집필에 집중할 환경이 되었다. 세이카이 씨에게 새삼 감사를 표하고 싶다.

이 책의 준비과정에서 우선 학회 논문 단계에서 논평을 해 주신 우치야마 유(內山融), 고하라 다카하루(小原隆治) 씨에게 감사를 드리고 싶다. 일본의 복지정치 분석에 새로운 장을 개척한 신카와 도시미치(新川敏光) 씨로부터도 이 미숙한 작업에 대해서 조언을 받을 수 있었다. 그리고 홋카이도대학 대학원 법학연구과 지다 와타루(千田航) 씨는 원고를 정리하는 데 도움을 주었다. 그 후에도 대폭적인 수정이 가해졌는데 만약 잘못된 점이 있다면 당연히 필자의 책임이다. 독자의 지적을 부탁드린다.

이 책의 문제의식과 구상의 틀을 잡아가는 데 있어서 도움을 받은 분들을 일일이 나열하려고 하면 끝이 없다. 홋카이도대학 대학원 법학연구과, 특히 정치학강좌 관계자분들은 평소에도 이런저런 많은 배려를 해주시고 있다. 여러 프로젝트를 통해서 예민한 현실 감각을 체득한 진노 나오히코(神野直彦) 교수, 야마구치 지로(山口二郎) 교수와 만나지 않았더라면 어딘가 모르게 은둔 성향이 있는 내가 이러한 주제를 다룰 수 없었을지도 모른다. 오가와 마사히로(小川正浩) 씨의 혼신의 노력으로 출범할 수 있었던 생활경제정책연구소 '비교노동운동' 연구회에 함께 해 주신 분들, 오카자와 노리오(岡沢憲芙) 교수를 주축으로 하는 연합 총연의 '현대복지국가로 가는 새로운 길' 연구위원회 회원들로부터 받은 자극도 컸다. 사이토 준이치(斎藤純一) 씨, 우에다 가즈히로(植田和弘) 씨로부터는 정치사상과 환경문제라고 하는 관점에서 문제를 생각해 볼 수 있는 기회를 얻을 수 있었다.

여기에 이 책 일부는 문부과학성 과학연구비보조금(기초연구 A) '탈일·독형 레짐의 비교정치분석'의 성과임을 밝힌다.

개인적인 일이기는 하지만 비교복지정치 공부를 본격적으로 시작했을 즈음에 두 아이, 스미카(澄香), 가즈키(一希)가 태어났다. 그때 내 나이가 아직 젊었기 때문에 언젠가 큰일을 이루고 나서 후기에 두 아이의 이름을 거명하면서 '아이들의 미래를 위해 바친다'라고 쓸 수 있게 된다면 얼마나 좋을까 하는 꿈을 갖고 있었다. 어느새 아이들은 십 대가 되어

이 어려운 시대에 정서적으로 민감한 시기를 보내고 있다. 그 아버지는 꽤나 약해졌고 그 당시 생각했던 '큰일'을 해낼 수 있을 것 같지 않다. 그렇지만, 주어진 조건 속에서 할 수 있는 일을 하는 게 중요하다고 두 아이에게는 말하자. 물론 절반 이상은 자신에게 말하는 것이지만.

2008년 6월
초여름 삿포로에서
미야모토 타로

참고문헌

◆일본어 문헌

雨宮処凜, 2007, 『プレカリアート―デジタル日雇い世代の不安定な生き方』, 洋泉社。

飯尾潤, 2007, 『日本の統治構造―官僚内閣制から議員内閣制へ』, 中央公論。

川真澄, 1985, 『日本政治の透視図』, 現代の理論社。

石橋湛山, 1970, 「わが「五つの誓い」―一月八日全国遊説第一声」, 『石橋湛山全集』第十四巻, 東洋経済新報社。

伊藤光利, 1988, 「大企業労使連合の形成」, 『レヴァイアサン』第二号。

猪口孝・岩井奉信, 1987, 『「族議員」の研究―自民党政権を牛耳る主役たち』, 日本経済新聞社。

猪瀬直樹, 1997, 『日本国の研究』, 文藝春秋(文春文庫, 1999)。

岩本美砂子, 2006, 「家父長制とジェンダー平等―マイノリティ女性条項が新設された2004年DV法を手がかりに」, 日本政治学会編, 『年報政治学2006―Ⅰ 平等と政治』木鐸社。

埋橋孝文, 1997, 『現代福祉国家の国際比較―日本モデルの位置づけと展望』, 日本評論社。

埋橋孝文, 2007, 「ワークフェアの国際的席捲―その論理と問題点」, 埋橋孝文編, 『ワークフェア―排除から包摂へ―』, 法律文化社。

内山融, 1998, 『現第日本の国家と市場―石油危機以降の市場の脱<公的領域>化』, 東京大学出版会。

衛藤幹子, 1995, 「福祉国家の『縮小・再編』と厚生行政」, 『レヴァイアサン』第十七号。

衛藤幹子, 1998, 「連立政権における日本型福祉の転回―介護保険制度創設の政策過程」, 『レヴァイアサン』臨時増刊号(夏)。

遠藤久夫, 2007, 「患者負担の国際比較―自己負担と医療アクセスと公平性」, 田中滋・二木立編, 『医療制度改革の国際比較』(講座 医療経済・政策学 第六巻), 勁草書房。

遠藤安彦, 1999, 「分権時代の地方財政―近年の地方財政対策を回顧しつつ」, 日本地方財政学会編, 『地方財政改革の国際動向』, 勁草書房。

大沢真理, 2002, 『男女共同参画社会をつくる』, 日本放送出版協会。

大沢真理, 2007, 『現代日本の生活保障システム—座標とゆくえ』, 岩波書店。

大嶽秀夫, 1994, 『自由主義的改革の時代—1980年代前期の日本政治』, 中央叢書。

大嶽秀夫, 1999, 『日本政治の対立軸—93年以降の政界再編の中 で』, 中公新書。

小沢一郎, 1993, 『日本改造計画』, 講談社。

加藤淳子, 1997, 『税制改革と官僚制』, 東京大学出版会。

加藤智章, 2001, 「社会保障制度における生活保障と所得保障」, 日本社会保障法学会編, 『所得保障法』(講座 社会保障法第二巻), 法律文化社。

門野圭司, 2002, 「民活導入と公共事業の再編」, 金澤史男編, 『現代の公共事業—国際経験と日本』, 日本経済評論社。

金指正雄, 1988, 「売上税登場の経緯—中曾根政治の奇蹟をたどって」, 内田健三・金指正雄・福岡政行編, 『税制改革をめぐる政治力学—自民優位下の政治過程』, 中央公論社。

金澤史男, 2002, 「財政危機下における公共投資偏重型財政システム」, 金澤史男編, 『現代の公共事業—国際経験と日本』, 日本経済評論社。

金子勝, 1991, 「企業社会の形成と日本社会—『資産所有民主主義』の帰結」, 東京大学社会科学研究所 編, 『現代日本社会　五—構造』, 東京大学出版会。

金子勝・高端正幸編, 2008, 『地域切り捨て—生きていけない現実』, 岩波書店。

上西朗夫, 1985, 『ブレーン政治—内閣機能の強化』, 講談社現代新書。

加茂利男, 1993, 『日本型政治システム—集権構造と分権改革』, 有斐閣。

苅谷剛彦, 2001, 『階層化日本と教育危機—不平等再生産から意欲格差社会(インセンティブ・ディバイド)へ』, 有信堂 高分社。

神原勝, 1986, 『転換期の政治過程—臨調の軌跡とその機能』, 総合労働研究所。

岸信介, 1963, 『岸信介回顧録—保守合同と安保改定』, 廣済堂出版。

北岡伸一, 1995, 『自民党—政権党の38年』(20世紀の日本１), 読売新聞社(中公文庫, 2008年)。

北山俊哉, 2002, 「地方単独事業の盛衰—制度をめぐる政治過程」, 『年報行

政研究』三七。

北山俊哉, 2003, 「土建国家日本と資本主義の諸類型」, 『レヴァイアサン』第三十二号。

久米郁男, 1998, 『日本型労使関係の成功―戦後和解の政治経済学』, 有斐閣。

グループ一九八四年, 1975, 日本の自殺, 『文藝春秋』二月号。

経済企画庁, 1958, 『経済白書(昭和33年度)―景気循環の復活』, 至誠堂。

河野康子, 2002, 『戦後と高度成長の終焉』(日本の歴史24), 講談社。

小林良彰, 1991, 『現代日本の選挙』, 東京大学出版会。

近藤文二, 1961, 「国民皆保険と国民年金」, 菅沼隆監修/大内兵衛編, 『戦後における社会保障の展開』, 至誠堂。

近藤康史, 2007, 「比較政治学における『アイディアの政治』―政治変化と構成主義」, 日本政治学会編, 『年報政治学2006-II 政治学の新潮流―21世紀の政治学へ向けて』, 木鐸社。

財政調査改編, 1976, 『国の予算―その構造と背景 昭和51年度版』。

佐口卓, 1985, 「日本の医療保険と医療制度」, 東京大学社会科学研究所編, 『福祉国家 五―日本の経済と福祉』, 東京大学出版会。

地主重美, 1985, 「高齢化社会の医療保険―老人医療保険の展開を中心に」東京大学社会科学研究所 編, 『福祉国家 五―日本の経済と福祉』, 東京大学出版会。

篠原一, 2007, 『歴史政治学とデモクラシー』, 岩波書店。

清水慎三, 1961, 『日本の社会民主主義』, 岩波新書。

社会経済生産性本部メンタル・ヘルス研究所 編, 2007, 『産業人メンタルヘルス白書』(2007年版), 社会経済生産性本部メンタル・ヘルス研究所。

社会保障制度審議会事務局 編, 2000, 『社会保障の展開と将来―社会保障制度審議会50年の歴史』, 法研。

白波瀬佐和子, 2006, 「格差論が見過ごしていること」, 神野直彦・宮本太郎編, 『脱「格差社会」への戦略』, 岩波書店。

新川敏光, 2004, 「年金改革政治―避難回避の成功と限界」, 新川敏光＝G・ボノーリ 編/新川敏光監訳, 『年金改革の比較政治学―経路依存性と避難回避』, ミネルヴァ書房。

新川敏光, 2005, 『日本型福祉レジームの発展と変容』, ミネルヴァ書房。

新藤宗幸, 1986, 『行政改革と現代政治』, 岩波書店。

新藤宗幸, 1989, 『財政破綻と税制改革』, 岩波書店。

新藤宗幸, 2006, 『財政投融資』(行政学叢書２), 東京大学出版会.

新・日本的経営システム等研究プロジェクト 編, 1995, 『新時代の「日本的経営」―挑戦すべき方向とその具体策―新・日本的経営システム等研究プロジェクト報告』, 日本経営者団体連盟。

神野直彦, 2002, 『人間回復の経済学』, 岩波新書。

杉田敦, 2000, 『権力』(思考のフロンティア), 岩波書店。

炭谷茂編, 2003, 『社会福祉基礎構造改革の視座―改革推進者たちの記録』ぎょうせい。

空井護, 1993, 「自民党一党支配体制形成過程としての石橋・岸政権(1957~1960年)」『国家学会雑誌』第106巻 第1・2号, 空井護, 1998, 「日本社会党の中小零細起業者組織化活動」, 『法学』(東北大学) 第61巻 第6号。

武川正吾, 2007, 『連帯と承認―グローバル化と個人化のなかの福祉国家』, 東京大学出版会。

竹中治堅, 2006, 『首相支配―日本政治の変貌』, 中公新書。

多田英範, 1994, 『現代日本社会保障論』, 光生館

建林正彦, 1997, 「中小企業政策と選挙制度」, 日本政治学会 編, 『年報政治学1997 危機の日本外交―70年代』, 岩波書店。

田中角栄, 1972, 『日本列島改造論』日刊工業新聞社。

田名部康範, 2007, 「日本保守勢力における福祉国家の諸潮流―1950年代を中心として」, 社会政策学会第115回大会報告ペーパー。

富永健一, 2001, 『社会変動の中の福祉国家―家族の失敗と国家の新しい機能』, 中公新書。

中北浩爾, 2002, 『1955年体制の成立』, 東京大学出版会。

中野実, 1992, 『現代日本の政治過程』, 東京大学出版会。

西岡晋, 2007, 『政策アイデア論・言説分析』, 縣公一郎・藤井浩司編, 『コレーク政策研究』, 成文堂。

日本経営者団体連盟 編, 1969, 『能力主義管理―その理論と実践』, 日本経営者団体連盟広報部。

野村正實, 1998, 『公用不安』, 岩波新書。

早川純貴, 1991, 「福祉国家をめぐる政治過程—84年健康保険法改正過程の事例研究(一)(二)」, 『法学論集』(駒沢大学)第43号・『政治学論集』(駒沢大学)第33号。

樋口美雄, 2005, 「日本で地域による雇用戦略が必要な理由」樋口美雄=S・ジゲール=労働政策研究^研修機構編『地域の雇用戦略—七カ国の経験に学ぶ"地方の取り組み"』, 日本経済新聞社。

広井良典, 1997, 『日本の社会保障』, 岩波新書。

広井良典, 2006, 『持続可能な福祉社会—「もうひとつの日本」の構想』, ちくま新書。

広瀬道貞, 1981, 『補助金と政権党』, 朝日新聞社(朝日文庫, 1993)。

樋渡展洋, 1995, 「55年体制の「終焉」と戦後国家」, 『レヴァイアサン』第十六号。

古川孝順, 1997, 『社会福祉のパラダイム転換—政策と理論』, 有斐閣。

堀江孝司, 2005, 「日本型福祉社会論」, 『季刊社会保障研究』第十七巻 第一号。

正村公宏, 1985, 『戦後史』下, 筑摩書房(ちくま文庫, 1990)。

町田俊彦, 1997, 「公共投資拡大への地方財政の動員—地方単独建設事業の拡大と地方債・地方交付税の一体的活用」, 『専修経済学論集』第三二巻 第一号。

待島聡史, 2005, 「90年代は「失われた10年」ではない—小泉長期政権を支える政治改革の成果」『中央公論』四月号。

三浦文夫, 1995, 『増補改訂 社会福祉政策研究—福祉政策と福祉改革』, 全国社会福祉協議会。

三浦まり, 2003, 「労働市場規制と福祉国家—国際比較と日本の位置づけ」埋橋孝文 編, 『講座^福祉国家のゆくえ二—比較のなかの福祉国家』ミネルヴァ書房。

御厨貴, 1995, 「国土計画と開発政治—日本列島改造と高度成長の時代」日本政治学会 編, 『現大日本政官関係の形成過程』, 岩波書店。

宮本太郎, 1997, 「比較福祉国家の理論と現実」岡沢憲芙・宮本太郎編, 『比較福祉国家論—揺らぎとオルタナティブ』, 法律文化社。

宮本太郎, 1999, 『福祉国家という戦略—スウェーデンモデルの政治経済学』, 法律文化社。

宮本太郎, 2003, 「福祉レジーム論の展開と課題―エスピン・アンデルセンを越えて」, 埋橋孝文編, 『講座・福祉国家のゆくえ二―比較のなかの福祉国家』, ミネルヴァ書房。

宮本太郎, 2004, 「ワークフェア改革とその対案―新しい連携へ」, 『海外社会保障研究』一四七号。

宮本太郎, 2006a, 「福祉国家の再編と言説政治―新しい分析枠組み」宮本太郎編『比較福祉政治―制度転換のアクターと戦略』, (比較政治叢書２)早稲田大学出版部。

宮本太郎, 2006b, ポスト福祉国家のガバナンス―新しい政治対抗」, 『思想』九八三号。

宮本太郎, 2006c, 「新しい社会的リスクと人生前半・中盤の社会保障」, 『NIRA政策研究』第十九巻 第二号。

村上泰亮, 蝋山昌一ほか, 1975, 『生涯設計(ライフサイクル)計画―日本型福祉社会のビジョン』日本経済新聞社。

村松岐夫, 1983, 「福祉政策の政治過程」, 『季刊社会保障研究』第十九巻 第三号。

山口二郎, 1987, 『大蔵官僚支配の終焉』, 岩波書店。

山口二郎, 1993, 『政治改革』, 岩波新書。

山口二郎・宮本太郎, 2008, 「日本人はどのような社会経済システムを望んでいるのか」, 『世界』三月号。

山崎広明, 1985, 「日本における老齢年金制度の展開過程―厚生年金制度を中心として」, 東京大学社会科学研究所 編, 『福祉国家 五―日本の経済と福祉』東京大学出版会。

山本卓, 2007, 「R. M. ティトマスにおける戦争と福祉―「戦争と社会政策」再考」日本政治学会 編『年報政治学-Ⅰ戦争と政治学』木鐸社。

横山和彦, 1988, 「「福祉元年」以後の社会保障」, 東京大学社会科学研究所 編, 『転換期の福祉国家』下, 東京大学出版会。

横山和彦・多田英範, 1991, 『日本社会保障の歴史』, 学文社。

吉田健二・和田勝, 1999, 『日本医療保険制度史』, 東洋経済新報社。

臨時行政調査会(第二臨調), 1981, 『臨調緊急提言―臨時行政調査会第一次答申』, 行政管理研究センター。

臨時行政調査会(第二臨調), 1982, 『臨調基本答申―臨時行政調査会 第三

次答申』, 行政管理研究センター。

渡辺治, 1991, 「現代日本社会と社会民主主義」, 東京大学社会科学研究所 編, 『現代日本社会五―構造』東京大学出版会。

◆ 서구어 문헌

Annesley, Claire and Andrew Gamble, 2004, Economic and Welfare Policy, Steve Ludlam and Martin J. Smith eds., *Governing as New labour: Policy and Politics under Blair*, Palgrave.

Aoki Masahiko, 2001, *Toward a Comparative Institutional Analysis*, MIT Press. (瀧澤弘和・谷口和弘 訳『比較制度分析に向けて』, NTT出版)

Bachrach, Peter and Morton S. Baratz, 1963, "Decisions and Non-Decisions: An Analytical Framework", *American Political Science Review*, Vol. 57, No. 3.

Blyth, Mark, 2002, *Great Transformations: Economic Ideas and Institutional Change in the Twentieth Century*, Cambridge University Press.

Burniaux, Jean-Marc et al., 1998, "Income Distribution and Poverty in Selected OECD Countries", OECD Economics Department Working Papers, No. 189, OECD Economics Department.

Calder Kent E., 1998, *Crisis and Compensation: Public Policy and Political Stability in Japan, 1949~1986*, Princeton University Press.(淑子カルダー 訳,『自民党長期政権の研究―危機と補助金』, 文藝春秋, 1989)

Campbell, John Creighton, 1992, *How Policies Change: The Japanese Government and the Aging Society*, Princeton University Press.(三浦文 夫・坂田周一監 訳,『日本政府と高齢社会―政策転換の理論と検証』, 中央法規出版, 1995)

Eardley, Tony et al., 1996, *Social Assistance in OECD Countries: Synthesis Report, Department of Social Security Research Report*, No. 46, Stationery Office.

Ebbinghaus, Bernhard, and Philip Manow, 2001, "Introduction: Studying Varieties of Welfare Capitalism", Bernhard Ebbinghaus and Philip Manow eds., *Comparing Welfare Capitalism: Social Policy and Political Economy in Europe, Japan and the USA*, Routledge.

Esping-Andersen, Gøsta, 1990, *The Three Worlds of Welfare Capitalism*, Polity Press.(岡沢憲夫・宮本太郎監 訳,『福祉資本主義の三つの世界―比較福祉国家の理論と動態』, ミネルヴァ書房, 2001)

Esping-Andersen, Gøsta, 1999, *Social Foundation of Postindustrial Economies*, Oxford University Press.(渡辺雅男・渡辺景子 訳,『ポスト工業経済の社会的基礎―市場・福祉国家・家族の政治経済学』, 桜井書店, 2000)

Esping-Andersen, Gøsta and Walter Korpi, 1984, "Social Policy as Class Politics in Post-War Capitalism: Scandinavia, Austria, and Germany", John H. Goldthorpe ed., *Order and Conflict in Contemporary Capitalism: Studies in the Political Economy of Western European Nations*, Oxford University Press.

Förster, Michael and Mark Pearson, 2002, Income Distribution and Poverty in the OECD Area: Trends and Driving Forces, OECD Economic Studies, No. 34.

Giddens, Anthony, 1991, *Modernity and Self-Identity: Self and Society in the Late Modern Age*, Polity Press.(秋吉美都・安藤太郎・筒井淳也 訳,『モダニティと自己アイデンティティ―後期近代における自己と社会』, ハーベスト社, 2005).

Hacker, Jacob S., 2002, *The Divided Welfare State: The Battle over Public and Private Social Benefits in the United States*, Cambridge University Press.

Hacker, Jacob S., 2005, "Policy Drift: The Hidden Politics of US Welfare State Retrenchment", Wolfgang Streeck and Kathleen Thelen eds., *Beyond Continuity: institutional Change in Advanced Political Economices*, Oxford University Press.

Hall, Peter, 1993, "Policy Paradigms, Social Learning, and the State: The Case of Economic Policymaking in Britain", *Comparative Politics*, Vol. 25, No. 3.

Hall, Peter and David Soskice, 2001, "An Introduction to the Varieties of Capitalism", Peter Hall and David Soskice eds., *Varieties of Capitalism: The Institutional Foundations of Comparative Advantage*, Oxford University Press.(遠山弘徳・安孫子誠男ほか 訳,『資本主義の多様性―比較優位の制度的基盤』, ナカニシヤ出版, 2007).

Hedborg, Anna and Rudolf Meidner, 1984, *Folkhems modellen*, Rabén &

Sjögren.

Hemerijck, Anton and Kees van Kersbergen, 1999, "Negotiated Policy Change: Towards a Theory of Institutional Learning in Tightly Coupled welfare States", Dietmar Braun and Andreas Busch eds., *Public Policy and Political Ideas*, Edward Elgar.

Heber, Evelyne, Charles Ragin, and John, D. Stephens, 1993, "Social Democracy, Christian Democracy, Constitutional Structure, and the Welfare State", *American Journal of Sociology*, Vol. 99, No. 3.

Huber, Evelyne and John D. Stephens, 1998, "Internationalization and the Social Democratic Model: Crisis and Future Prospects", *Comparative Politcal Studies*, Vol. 32, No. 3.

Huber, Evelyne and John D. Stephens, 2001, *Development and Crisis of the Welfare State: Parties and Policies in Global Markets*, University of Chicago Press.

Jenson, Jane and Denis Saint-Martin, 2002, "Building Blocks for a New Welfare Architecture: From Ford to LEGO?", Paper presented at the annual meeting of the American Science Association, Boston, August 200.

Kingdon, John W., 2003, *Agendas, Alternatives, and Public Policies*, 2nd ed., Longman.

Korpi, Walter, 1983, *The Democratic Class Struggle*, Routledge & Kegan Paul.

Korpi, Walter, and Joakim Palm, 2003, "New Politics and Class Politics in the Context of Austerity and Globalization: Welfare State Regress in 18 Countries, 1975-95", *American Political Science Review*, Vol. 97, No. 3.

Lehmbruch, Gerhard, 1984, "Concertation and the Structure of Corporatist Networks", John H. Goldthorpe ed., *Order and Conflict in Contemporary Capitalism: Studies in the Political Economy of Western European Nations*, Oxford University Press.

Lijphart, Arend, 1999, *Patterns of Democracy: Government Forms and Performance in Thirty-Six Countries*, Yale University Press.(粕谷祐子 訳, 『民主主義対民主主義—多数決型とコンセンサス型の36ヶ国比較研究』, 勁草書房, 2005).

Lowi, Theodore J., 1979, *The End of Liberalism: The Second Republic of the*

United States, 2nd ed., W. W. Norton.(村松岐夫監 訳,『自由主義の終焉—現代政府の問題性』木鐸社, 1981).

Lukes, Steven, 2005, *Power: A Radical View*, 2nd ed., Palgrave Macmillan.

Mares, Isabela, 2003, *The Politics of Social Risk: Business and Welfare State Development*, Cambridge University Press.

Mishra, Ramesh, 1984, *The Welfare State in Crisis: Social Thought and Social Change*, Wheatsheaf Books.

OECD, 2006, *OECD Economic Survey of Japan 2006*.

Okimoto, Daniel I., 1989, *Between MITI and the Market: Japanese Industrial Politcy for High Technology*, Stanford University Press.(渡辺敏 訳,『通産省とハイテク産業—日本の競争力を生むメカニズム』, サイマル出版会, 1991).

Orloff, A. S. and Theda Skocpol, 1984, "Why Not Equal Protection?: Explaining the Politics of Public Social Spending in Britain, 1900-1911, and the United States, 1880s-1920", *American Sociological Review*, Vol. 49, No. 6.

Pempel, T. J., 1998, *Regime Shift: Comparative Dynamics of the Japanese Political Economy*, Cornell University Press.

Pierson, Paul, 1994, *Dismantling the Welfare State?: Reagan, Thatcher and the Politics of Retrenchment*, Cambridge University Press.

Pierson, Paul, 2000, "Increasing Returns, Path Dependence, and the Study of Politics of Politics", American Political Science Review, Vol. 94, No.2.

Pierson, Paul, 2001, "Coping with Permanent Austerity: Welfare State Restructuring in Affluent Democracies", Paul Pierson ed., *The New Politics of the Welfare State*, Oxford University Press.

Poguntke, Thomas and Paul Webb, 2005, "The Presidentialization of Politics in Democratic Societies: A Framework for Analysis", Thomas Poguntke and Paul Weff eds., *The Presidentialization of Politics: A Comparative Study of Modern Democracies*, Oxford University Press.

Schickler, Eric, 2001, *Disjointed Pluralism: Institutional Innovation and the Development of the U.S. Congress*, Princeton University Press.

Schmidt, Vivien A., 2000, "Values and Discourse in the Politics of Adjustment", Fritz W. Scharpf and Vivien A. Schmidt eds., *Welfare and Work in the*

Open Economy, Vol. 1, From Vulnerability to Competitiveness, Oxford University Press.

Schmidt, Vivien A., 2002, "Does Discourse Matter in the Politiics of Welfare State Adjustment?", *Comparative Political Studies*, Vol. 35, No. 2.

Schmidt, Vivien A., 2003, "How, Where, and When does Discourse Matter in Small States' Welfare State Adjustment?", *New Political Economy*, Vol. 8, No. 1.

Skocpol, Theda, 1995, *Social Policy in the United States: Future Possibilities In Historical Perspective*, Princeton University Press.

Streeck, Wolfgang and kathleen Thelen, 2005, "Introduction: Institional Change in Advanced Political Economies", Wolfgang Streeck and Kathleen Thelen eds., *Beyond Continuity: Institutional Change in Advanced Political Economies*, Oxford University Press.

Sweson, Peter A., 2002, *Capitalists against Markets: The Making of Labor Markets and Welfare States in the United States and Sweden*, Oxford University Press.

Tarrow, Sidney, 1977, *Between Center and Periphery: Grassroots in Italy and France*, Yale University Press.

Taylor-Gooby, Peter, 2004, "New Risks and Social Change", Peter Taylor-Gooby ed., *New Risks, New Welfare: The Transformation of the European Welfare State*, Oxford Univesity Press.

Thelen, Kathleen, 2003, "How Institutions Evolve: Insights from Comparative Historical Analysis", James Mahoney and Dietrich Rueschemeyer eds., *Comparative Historical Analysis in the Socical Sciences*, Cambridge University Press.

Weaver, R. Kent, 1986, "The Politics of Blame Avoidance", *Journal of Public Policy*, Vol. 6, No. 4.

Wilensky, Harold L., 1975, *The Welfare State and Equality: Structural and Ideological of Public Expenditures*, University of California Press.(下平好博 訳, 『福祉国家と平等―公共支出の構造的・イデオロギー的起源』, 木鐸社, 1984).

Wolferen, Karel van, 1989, *The Enigma of Japanese Power: People and Politics in a Stateless Nation*, Macmillan,(篠原勝 訳,『日本/権力構造の謎』上・下, 早川書房, 1990).

독자를 위한 추천 도서

　복지정치론의 대상은 광범위하여 정치학은 물론 사회정책학, 사회학, 재정학 등을 횡단한다. 필자의 전공과 능력으로는 모든 분야의 문헌을 소개할 수는 없다. 여기서는 정치학 분야에 한정하여 레짐론, 복지정치 분석, 일본의 복지정치라는 세 분야를 중심으로 좀 더 읽을 필요가 있다고 생각되는 책들을 소개하고자 한다.

◆복지 레짐, 고용 레짐 관련

　복지정치를 깊이 이해하기 위해서는 생활보장을 뒷받침하는 제도체계를 가능한 한 포괄적으로 이해할 필요가 있다. 어떤 정치적 주장이나 정책 제안의 객관적인 의미는 커다란 제도적 문맥 속에서 결정되기 때문이다. 그런데 사회보장이나 고용 구조는 제도 자체가 복잡하여 그것을 전체적으로, 더군다나 비교적 관점에서 이해한다는 것은 쉽지가 않다. 그것을 이해하기 위해서는 레짐론과 같은 틀이 중요하다. 이러한 틀에 위치를 지워 봄으로써 각각의 제도를 이해할 수 있게 되고, 흥미도 더해진다. 적어도 필자는 그랬다. 물론 어떤 면에서는 레짐론과 같은 커다란 틀은 '이해할 것 같다'라는 생각이 들게 하는 부작용도 있다. 이것은 주의가 필요하며, 레짐론의 틀은 끊임없이 개별 제도를 가지고, 혹은 현실의 변화에 비추어 재검증해 나갈 필요가 있다.

　이 책의 분석틀을 구성하고 있는 비교 레짐 분석에 대한 논의는, 복지 레짐에 대해서는 에스핑 안데르센의 저서 『福祉資本主義の三つの世界—比較福祉国家の理論と動態』(岡沢憲芙·宮本太郎監訳, ミネルヴァ書房, 2001年)가 기본적인 문헌이라 할 수 있다. 에스핑 안데르센이 정리한 이론을 통해서 일정 단계에 이른 비교복지연구의 계보에 대해서는 クリストファー·ピアソン/田中浩·神谷直樹訳 『曲がり角にきた福祉国家—福祉の新政治経済学』(未来社, 1996年)이 안내도를 제공하고 있다.

　이 책에서 거론하고 있는 고용 레짐은 데이비드 소스키스 등의 생산레짐론에 토대를 두고 있는데, 생산레짐과 관련된 기본적인 문헌이 일본어로 번역되어 있다. ピーター·A·ホール＝デヴィッド·ソスキス編/遠山弘徳·安孫子誠男ほか訳, 『資本主義の多様性—比較優位の制度的基礎』(ナカニシャ出版, 2007年)이 그것이다. 또한 コーリン·クラウチ＝ウォルフガング·ストリーク編/山田鋭夫訳, 『現代の

資本主義制度―グルーバリズムと多様性』(NTT出版, 2001年)은 레귤라시옹 학파 등을 비롯한 보다 다양한 어프로치를 통한 논고를 담고 있다. 종장에는 국제정치경제학의 수잔 스트렌지의 비교정치경제학 그 자체에 대한 신랄한 논평이 게재되어 있어서 흥미롭다. 新川敏光·井戸正伸·宮本太郎·眞柄秀子,『比較政治経済学』(有斐閣アルマ, 2004年)은 비교 레짐 분석의 이론적 발전을 정리한 교과서이다.

　일본 정치학도 복지국가의 비교분석을 태만히 했던 것은 아니었다. 日本政治学会編,『年報政治学一九八八―転換期の福祉国家と政治学』(岩波書店, 1989年), 혹은 田口富久治編,『ケインズ主義的福祉国家―先進六カ国の危機と再編』(青木書店, 1989年) 등이 선구적인 업적이라 할 수 있다.

　각국에 대한 분석도 서유럽이나 미국에 대해서는 풍부한 축적이 있다. 지면 관계상 복지정치를 강하게 의식한 저서에 한정해 살펴보아도 岡沢憲芙,『スウェーデン現代政治』(東京大学出版会, 1988年), 坪郷實, 『新しい社会運動と緑の党―福祉国家のゆらぎの中で』(九州大学出版会, 1989年), 近藤康史,『個人の連帯―「第三の道」以後の社会民主主義』(勁草書房, 2008年), 小堀眞裕,『シャッチャリズムとブレア政治―コンセンサスの変容, 規制国家の強まり, そして新しい左右軸』(晃洋書房, 2005年), 水島治郎,『戦後オランダの政治構造―ネオ・コーポラティズムと所得政策』(東京大學出版會, 2001年), 西山隆行,『アメリカ型福祉国家と都市政治―ニューヨーク市におけるアーバン・リベラリズムの展開』(東京大学出版会, 2008年), 그리고 역사 연구이지만 田中拓道,『貧困と共和国―社会的連帯の誕生』(人文書院, 2006年) 등이 있다.

◆복지정치 분석이론

　복지정치에 대한 이해가 간단하지 않는 이유는 제도 체계의 복잡함에 더하여 제도 설계 전략과 관련하여 다양한 담론과 아이디어를 내세운 활동이 전개되기 때문이다. 최근 일본에서도 '사회적 포섭', '재 챌린지', '참가 보장', '전원 참가형 사회' 등의 담론이 계속해서 반복되는 바람에 과연 어떤 것이 어떤 입장에서 선 주장인지를 구별하기란(어느 정도 상황을 잘 모른다면) 어렵다. 예전에 노동조합이 '계급적 이익'을 내걸고, 자민당은 '자유사회를 지켜라'라고 응수하던 시대가 그리울 정도이다. 또한 한편으로는 '계급'적인 사회 분열이 오히려 심화되는 현상이 보인다.

이러한 전개 상황을 분석하고자 제도분석과 담론분석을 접합하려고 하는 이론적 시도가 확산되고 있다. 일본어 문헌은 아직 적지만, 宮本太郎 編, 『比較福祉政治—制度転換のアクターと戦略』(比較政治叢書 2, 早稲田大学出版部, 2006年), 日本政治学会 編, 『年報政治学2006-Ⅱ 政治学の新潮流—21世紀の政治学へ向けて』(木鐸社, 2007年), 縣公一郎·藤井浩司 編, 『コレーク政策研究』(成文堂, 2007年) 등이 최신 동향을 담고 있다. 新川敏光＝G·ボノーリ編/新川敏光監訳, 『年金改革の比較政治学—経路依存性と批判回避』(ミネルヴァ書房, 2004年)은 비난회피의 정치론을 비교분석의 틀로 채용하고 있다.

담론정치에 있어서 '사회적 포섭'이나 '재 챌린지'형의 담론으로 수렴하는 경향을 보이는 것은 전후 상대적으로 평등했던 사회가 붕괴되고 있는 것과는 모순되는 것 같지만, 사실은 그 둘은 관련이 있다. 사람들이 사회보험 등에 의해서 연대하는 것이 곤란해졌기 때문에 자립 지원이라는 방향에서 새로운 타협 가능성이 모색되고 있는 것이다. 日本政治学会 編, 『年報政治学2006-Ⅰ 平等と政治』(木鐸社, 2006年)는 젠더, 의식조사, 도시와 지방 등의 다양한 시점에서 평등 구조와 정치의 변용을 고찰했다. 宮本太郎 編, 「福祉国家再編の政治」(講座·福祉国家のゆくえ一, ミネルヴァ書房, 2002年)는 레짐 분석을 염두에 두면서 복지개혁의 정치를 고찰하고 있다.

이러한 상황에서 정치사상연구 측면에서도 어떠한 연대가 가능할까라는 고민을 시작하였다. 斎藤純一 編, 『福祉国家/社会的連帯の理由』(講座·福祉国家のゆくえ五, ミネルヴァ書房, 2004年)은 보다 보편적인 사회적 연대의 근거에 대해서 끈기 있게 연구를 거듭하고 있다. ノーマン·バリー/斎藤俊明·法貴良一ほか訳, 『福祉—政治哲学からのアプローチ』(昭和堂, 2004年), 金田耕一, 『現代福祉国家と自由—ポスト·リベラリズムの展望』(新評論, 2000年)에서는 리버럴리즘이 후퇴하여 신자유주의가 대두한 후의 복지상에 대해서 많은 시사를 얻을 수 있다.

◆ 일본의 복지정치

일본의 복지정치를 역사적으로 논한 것으로는 먼저 新川敏光, 『日本型福祉レジームの発展と変容』(ミネルヴァ書房, 2005年)을 들 수 있다. 레짐론을 염두에 둔 본격적인 분석서인 같은 저자의 『幻視のなかの社会民主主義』(法

律文化社, 2007年)를 함께 읽어 볼 필요가 있다. 일본형의 복지·고용레짐의 특질과 그 형성과정을 비교의 관점도 살리면서 상세하게 서술한 樋渡展洋『戦後日本の市場と政治』(東京大学出版会, 1991年)는 중요하다. 또한 ジョン·C·キャンベル·三浦文夫·坂田周一監訳,『日本政府と高齢化社会—政策転換の理論と検証』(中央法規出版, 1995年)은 미국 정치학자가 일본의 고령자정책의 전환을 추적하여 서술한 역작이다.

　일본의 복지정치를 정책, 제도의 영역별로 보면 연금에 대해서는 中野実,『現代日本の政策過程』(東京大学出版会, 1992年)이 기초연금 도입의 정치과정을 분석하고 있다. 또한 北岡伸一·田中愛治 編,『年金改革の政治経済学—世帯間格差を越えて』(東洋経済新報社, 2005年)은 여론동향, 정치가의 태도, 행정조직간 관계 등 보다 다각적인 시점에서 2004년 연금개혁에 이르는 정치과정을 해명하였다. 의료에 대해서는 池上直己＝ジョン·C·キャンベル,『日本の医療—統制とバランス感覚』(中公新書, 1996年)이 제도론적 시점에서 검토를 하고 있으며, 中静未知,『医療保険の行政と政治—1895~1954』(吉川弘文館, 1998年)이 제도형성에 관한 역사적 분석을 하고 있다. 여성정책에 관해서는 堀江孝司,『現代政治と女性政策』(勁草書房, 2005年)이 있다.

　조세제도과 관련해서는 加藤淳子,『税制改革と官僚制』(東京大学出版会, 1997年)이 오히라 내각 이후의 세제개혁의 전개를 분석하고 있다. 복지와 행정의 관련에 대해서는 新藤宗幸의 일련의 저작이 복지정치론에 커다란 임플리케이션을 가지고 있는데, 이 책에서도 참고 한 바 있는『財政投融資』(行政学叢書2, 東京大学出版会, 2006年)를 들고자 한다. 또한 武智秀之『福祉行政学』(中央大学出版部, 2001年)는 복지행정의 분권화와 다원화를 이론적으로 다루고 있다.

　복지정치와 노동정치는 밀접하게 연관되어 있다. 篠田徹,『世紀末の労働運動』(岩波書店, 1989年)은 일본의 노동조합의 정책참가를 고찰한 이 분야의 선구적 업적이다. 久米郁男,『労働政治—戦後政治のなかの労働組合』(中公新書, 2005年)은 제2임조를 변환 축으로 한 노동정치의 전환을 분석하고 있다. 五十嵐仁,『労働政策』(国際公共政策叢書11, 日本経済評論社, 2008年)는 정치학자가 노동정책에 대해서 체계적으로 기술한 책이다.

색인